丛书主编　毕研洁　乔德平
副 主 编　冯　涛　刘泉水

大众体育健身丛书

DAZHONG TIYU JIANSHEN CONGSHU

YOUYONG

游泳

王延军　李旭东　编著

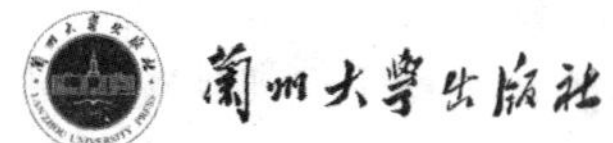

图书在版编目（CIP）数据

游泳 / 王延军，李旭东编著. -- 兰州 ：兰州大学出版社，2015.12
ISBN 978-7-311-04856-3

Ⅰ. ①游… Ⅱ. ①王… ②李… Ⅲ. ①游泳—基本知识 Ⅳ. ①G861.1

中国版本图书馆CIP数据核字(2015)第320381号

责任编辑 锁晓梅
封面设计 管军伟

书　　名 游泳
作　　者 王延军　李旭东　编著
出版发行 兰州大学出版社　（地址:兰州市天水南路222号　730000）
电　　话 0931-8912613(总编办公室)　0931-8617156(营销中心)
　　　　 0931-8914298(读者服务部)
网　　址 http://www.onbook.com.cn
电子信箱 press@lzu.edu.cn
印　　刷 兰州万易印务有限责任公司
开　　本 710 mm×1020 mm　1/16
印　　张 10.5
字　　数 203千
版　　次 2015年12月第1版
印　　次 2015年12月第1次印刷
书　　号 ISBN 978-7-311-04856-3
定　　价 20.00元

总 序

20世纪60年代西方一些学者探索出一种新的发展模式，确定了新的可持续发展观。这种发展观的一个重要特征是，实现社会的全面进步。经济增长只不过是实现人的发展的手段。经济、政治、社会各种制度的演进，也只是为了实现人的发展，人的发展创造更好的社会环境。人的发展不仅只是当代人的发展，而且包括后代人的可持续发展；不仅指满足人的物质生活需求，而且包括满足人的社会生活、精神生活的多种需求，使人在体力和智力方面的多种潜能得以充分地发挥出来。1994年我国制定的《中国21世纪议程》规定，在发展问题上坚持“可持续发展，以人为本”的原则。当代以人为中心的社会发展观“实际上是将人置于发展的中心，把人看作是发展的最高目标，而社会其他方面的发展只被看作是发展的手段和条件”(鲍宗豪：《当代社会发展导论》，华东师范大学出版社，1999年版)。任何有益的社会活动，都是公民自我教育、自我成长的过程，不仅能增强社区活力和凝聚力，产生本土荣誉感，而且从国家治理的角度看，民间社团的活跃，也有利于社会稳定。人的发展包括人的基本需要不断满足，人的素质不断提高，人的潜力不断发挥，是人自身完善的建设过程。“以人为本”作为当代中国科学发展观的核心，它要求整个社会发展“以人为本”。

“以人为本”发展我国城镇体育，除了传统体育文化外，自然离不开我国民族传统文化资源。将城镇居民置于健心强身的体育发展中心，把不断满足居民健身需求、提高居民身体素质、发挥居民自身潜力作为我国城镇居民体育发展的最高目标，就是要为社会提供一定的体育服务和体育资源，满足居民的体育需求，促进人的全面发展；就是要为广大城镇居民公平地、自愿地参与体育提供更多的机会，创造更好的条件。因此，“以人为本”的社会体育发展观，必然要求为社会提供的体育资源体现当地民众的需求；同时，解决落后的城镇居民体育条件和短缺的体育资源与不断增长的城镇人口的体育需求之间的矛盾。

社会体育项目丰富多彩是当今社会发展过程中的客观实在。随着中国社会进入小康,物质的丰富、社会的进步使人们的体育观念发生了本质的变化。人们已从过去单调的生活方式,转变为对体育活动的形式多样性、娱乐性、健身性等方面有更多的要求。人们可支配的业余时间增多,体育消费的总量逐年增长,提高生活质量、充分体验人生的观念越来越为大众所推崇。这标志着人民生活水平的提高和社会进入了休闲时代。休闲时代是社会体育大发展的时期。传统的纯粹的体育健身的观念,已经向健身、健智、休闲、娱乐的多重性方向发展。项目目标的多极化导致了项目的多元化。社会体育指导中心作为国家体育总局落实全民健身主要的职能部门,在近十年的社会实践中,除了中心所管辖的体育项目之外,每年都有十几个新项目要求国家承认、要求立项,要求政府予以推广。人民群众在不断地创造新的体育项目,不仅有国内的还有国外的。每年都有一些体育项目从国外介绍到中国来,如飞镖、野外生存、拓展运动、探险漂流等等。休闲时代社会体育项目的多元化促进了体育市场体育人群的细分,从而必然导致针对细分市场的体育竞赛运作。传统的体育只有竞技奥运项目和以太极拳、广播体操为代表的群众体育,而忽略了以游戏、休闲、社交为目的的娱乐体育、休闲体育。而在休闲时代,多极化的体育目标必然要求竞赛形式的多元化,使竞赛活动更加有针对性地满足不同细分市场的要求。事实上,尽管我国体育市场还不十分完善,尚处于起步阶段,但客观上,已经在人们不经意间完成了体育消费市场的分化。按照传统分类,体育包括奥运项目和非奥运项目、竞技体育和群众体育。但随着时代的变迁,体育项目的分类也显现出多元化。按照目的,可分为健身、健智、休闲、娱乐、社交、竞技和表演体育;按人群,可以分为老板体育(骑马、高尔夫)、白领体育、蓝领体育、农民体育;按年龄,可以分为幼儿体育、青少年体育、中青年体育和老年体育;按场地,可分为户外体育、野外体育、居室体育、桌上体育;按时间性与流行性,体育可以分为传统体育与时尚体育。此外还有一些伴随时代和高科技发展出现的新生体育现象,即电子竞技。社会体育项目发展具有动态性和差异性。纵观这些社会体育项目的发展过程,可以发现它们的发展曲线具有一定的动态性。有的项目发展平平,没有什么起伏;也有一些项目流行了一段时间,甚至风靡一时,但是昙花一现,转瞬即逝;还有一些项目基本上濒临绝迹。但我们也发现,有些项目具有顽强的生命力,它们在商家刻意的推动下,在人群中无意间发展到很大的规模。在人群中每年都有一些新的项目成为时尚受到追捧,成为潮流。不同项目的流行程度在时间和空间上具有一定的差别。就是说,不同时期、不同地域的人们所喜爱的项目各不相同,但是在社会上流行的项目当中有一批项目具有时间和空间上相对的稳定性和同一性。这些项目有较为健全的组织和竞赛制度,包括国际和各国的专业组织、俱乐部,有世界性及各层次的比赛,更有一大批忠实的追随者和发烧友。集合的项目群具有较强的操作性,可以加速传播,规范流行。我们也发现一个这样的事实,当选中一些项目,让这样的项目群集合化,并进行持续化的竞赛操作，可能会推动集合项目整体和其中各个项目，甚至周边项目的发展。这其中当然包括各省的社会体育管理中心近年来举办的全民健身展示大会、小球中心的时尚球类运动会等。

针对近两年北京、内蒙古、河南、陕西、甘肃等省、区、市城镇社区体育健身活动的调查统计显示，在参加体育锻炼的人群中，以健身走、跑步、武术（太极拳、太极剑）作为锻炼项目的人数占最高比例，为41.4%，其次为乒乓球、健身路径、羽毛球、篮球、足球、排球、网球、骑车、健身操、体育舞蹈（含民族舞蹈）、游泳、户外运动等。从年龄分布来看，16～19岁人群主要参与球类运动，占67.9%，参与跑步的占48.5%；40～59岁的中年人群主要参与健身走，占68%，参与慢跑的占44.1%；60岁以上老年人群主要参与健身走和武术（太极拳、太极剑）等。在调查实践中我们认识到，大众喜爱的体育项目应当是我们在编写丛书时需要关注的，不能凭个人的主观臆断，应体现客观性、科学性、先进性，满足大众群体的健身需求。该系列丛书，打破了目前我国通常以"体育教材类"形式进行论述及研究的传统方法，而是从科普的视角出发，编写中涉及每一个体育项目的发展史、练习方法、竞赛方法等，以实用性和可操作性为该丛书编写的最终目的。丛书着眼于推广简便易行且适合不同年龄、性别、职业特点与体质状况的体育健身方法，即运动处方；发掘、整合并弘扬民族民间传统体育以及推广休闲时代社会体育新项目等。

根据上述观点，我们认为，在我国即将进入全面小康社会之时，伴随着我国经济总量的增加和经济体制的转变，以及我国多年实施全民健身战略的影响，人民群众体育消费水平提高，体育意识增强，社会体育项目中客观存在着一批被人民群众普遍接受和参与的，在当前社会上较为流行的、健康的，以健身、健智、娱乐、休闲、表演为目的的体育项目群。其中既包括总局已经立项的项目，也包括那些尚未作为全国性正式体育项目开展，但已经被城镇社群接受的健康的竞技、健智、休闲、娱乐项目。这个项目群经过扩大到一定范围，并经过时间的检验而相对凝固后已经成为一种时尚的风潮。其中具有竞技性、表演性功能的项目迫切要求有表现的舞台。如果我们将其集合化运作，以运动会或体育节的形式表现出来，有可能成为引领全民健身潮流，促进项目发展的精品赛事。

社区体育作为大众文化现象，根本宗旨是增强人的体质，促进人的身心全面发展。社区体育活动通过有组织或者自发性休闲活动群体存在的重要原因之一就是，居民在一起互相给予心理安慰，消除了独处时的孤独感，同时，相当一批国家公务员、教师、务工者，他们的参与很大一部分原因在于抒解工作中的压力，通过在一起锻炼时的欢快气氛消除陌生感，转移注意力和宣泄工作中堆积的不良情绪。它不仅改善了居民的生活质量，创造了良好的生活方式，增进了人际交往，而且提高了居民文化素养，是城市精神文明的重要内容。（樊炳有：《社区体育论》，北京体育大学出版社，2003年版）大众体育的发展速度和规模出乎人们的意料，形成了一个"第二奥林匹克运动”,吸引着成千上万的人。

2012年国家发改委会同国家体育总局联合印发了《“十二五”公共体育设施建设规划》。《规划》将“人均体育场地面积达到1.5平方米以上”作为总体目标,提出了“50%以上的县(市、区)建有全民健身活动中心”和“50%以上的街道(乡镇)、社区(行政村)建有便捷、实用的体育健身设施”等具体建设目标。《全民健身计划(2011—2015年)》的指导思想是:以科学发展观为指导,贯彻落实《全民健身条例》;把全民健身事业纳入国家经济、社会发展总体规划;以提高全民族身体素质、形成比较完善的全民健身体系为目标;从国情出发,借鉴坚持实施《全民健身计划纲要》的成功经验和国际发展大众体育的做法;加强全民健身服务体系建设,努力实现全民健身公共服务均等化;继续推进改革,调动全社会积极性,充分发挥各类社会组织的作用,发挥市场机制作用;解决全民健身事业发展中的主要矛盾和突出问题,既有宏观指导性又具有可操作性。如何增强国民体质,如何增强国民体育健身意识以及如何改善体育锻炼场所,以满足广大人民群众的健身需求,是目前摆在体育研究者面前的首要问题。

毕研洁
2015年3月20日于兰州

目 录

一 游泳的历史渊源 …… 001
(一)远古时期的游泳活动 …… 001
(二)竞技游泳运动的发展 …… 001
(三)我国游泳运动的历史与发展 …… 004
(四)四种游泳姿势的起源与发展 …… 009
二 熟悉水性 …… 010
(一)水中行走 …… 010
(二)水中呼吸 …… 011
(三)水中漂浮练习 …… 014
(四)水中滑行 …… 015
(五)水中游戏 …… 016
三 爬泳 …… 018
(一)身体姿势 …… 018
(二)腿部技术 …… 019
(三)手臂技术 …… 022
(四)完整技术 …… 032
(五)出发 …… 035
(六)转身 …… 043
四 蛙泳 …… 051
(一)身体姿势 …… 051
(二)腿部技术 …… 052
(三)腿部和呼吸配合 …… 060
(四)划臂技术 …… 062

(五)完整技术 …… 068
(六)出发 …… 076
(七)转身 …… 076
五　仰泳 …… 081
(一)身体姿势 …… 081
(二)腿部技术 …… 084
(三)划臂与呼吸配合 …… 088
(四)完整技术配合 …… 096
(五)出发 …… 098
(六)转身 …… 099
六　蝶泳 …… 106
(一)身体姿势 …… 106
(二)腿部技术 …… 107
(三)划臂与呼吸配合 …… 111
(四)完整技术配合 …… 119
七　溺水自救与救生 …… 121
(一)溺水原因及自救方法 …… 121
(二)游泳救生专项技能 …… 124
(三)水上间接救护 …… 127
(四)水上直接救护 …… 128
八　健身功能及健身运动处方 …… 139
(一)游泳运动的健身功能 …… 139
(二)健身运动处方 …… 143
(三)游泳健身处方 …… 145
九　场地、器材与装备 …… 148
(一)游泳池 …… 148
(二)泳道、分道线、标志线 …… 148
(三)召回线与仰泳转身标志线 …… 149
(四)自动计时装置 …… 149
(五)发令装置 …… 149
(六)基层比赛的场地器材 …… 149
附录 …… 150

一、游泳的历史渊源

游泳是人类运用自身肢体动作和水的相互作用，使身体在水中活动游进的技能运动。游泳是人类有意识的活动，是人类在长期的生存过程中为了适应大自然的环境发展而产生的。随着人类社会的进步和发展，远古时期的游泳活动已经发展成为当今社会体育运动的重要项目之一。

(一)远古时期的游泳活动

人类的游泳活动源远流长，早在400万年前，古人类为了在布满江河湖海的地球上生存、解决最基本的温饱问题，曾以鱼虾类水产动物作为食物，依山打猎、傍水捕鱼。在与大自然做斗争的过程中逐渐学会了游泳技能，从而使人类活动的领域有了进一步的扩大。因此游泳的技能也成为古人类生存的重要手段。

在人类发展的历史长河中，游泳活动作为一项特殊技能在军事战争中被广泛运用。随着人类社会的发展和生产力的提高，游泳活动逐渐成为满足人类精神生活的一种需要，与此同时，水中嬉戏的娱乐性游泳活动便应运而生。

春秋战国时期，我国劳动人民就经常以游泳的方式猎取水中的动物。约在2500年前我国第一部诗歌集《诗经》就有了关于游泳活动的记载。这里潜水而行叫“泳”，浮水而行叫“游”，两个字合起来便称其为游泳。

隋唐时期，宫廷内就专门设立了水殿，进行游泳、水秋千、抛水球等水中嬉戏活动。北宋文学家苏东坡在《日喻》一文中写有：“南方多没人，日与水居也。七岁而能涉，十岁而能浮，十五而能没矣。”从这些文献记载中可以看出，我国古代劳动人民就已基本掌握了游泳这一技能，并在长期的实践过程中创造和发展了众多的泅水方法和游泳技术，如狗刨式、寒鸭踩水式、甩膀式等，这些方式和技术至今还在民间广为流传。

(二)竞技游泳运动的发展

竞技性游泳运动始于19世纪初，起源于英国。1828年，英国在利物浦乔治码头修建了第一个室内游泳池，1837年成立了全国游泳协会，举办了正规的游泳比赛。

1888年,法国教育家皮埃尔·德·顾拜旦提出了恢复奥林匹克运动会的建议,当时这一建议得到了很多国家的支持。

1896年,希腊举办第一届奥林匹克运动会。在这届运动会上,游泳被列为竞赛项目之一,并设置了男子100米自由泳、500米自由泳和1200米自由泳3个比赛项目。

1900年,第二届奥运会在法国巴黎举行。这届奥运会游泳项目的比赛将原有男子自由泳项目变更为200米、1000米、4000米自由泳，增设了男子200米仰泳、200米障碍泳、60米潜泳和4×50米接力赛共7个项目。

1904年,在美国圣路易斯举行第三届奥运会。这届奥运会游泳项目的比赛是以码和英里数计算成绩,不同于其他各界奥运会以米为距离单位计算成绩,所以这届奥运会的游泳比赛无成绩纪录,因此也无奥运会纪录。

1908年，在英国伦敦举行了第四届奥运会，同时成立了国际业余游泳联合会(简称国际泳联)。在这届奥运会上,审定了各项游泳世界纪录,制定了国际游泳竞赛规则,世界游泳运动竞赛进行了统一和规范,并有了一个权威性的管理机构(国际泳联)。在这一届奥运会游泳比赛中,共创造了五项游泳世界纪录。

1912年，在瑞典斯德哥尔摩举行第五届奥运会。在这届奥运会上增设了女子100米自由泳和4×100米自由泳接力赛。女子游泳项目第一次进入奥运会,具有跨时代的意义。在这届奥运会男子游泳项目的比赛中,所有成绩都被刷新。

由于第一次世界大战爆发,原定于1916年举行的第六届奥运会未能如期举行,给百年奥运史留下了深深的遗憾。

1920年8月,在比利时安特卫普举行了第七届奥运会。这届奥运会男子游泳项目有100米自由泳、400米蛙泳和4×200米自由泳接力比赛,女子游泳项目有100米自由泳、300米自由泳、4×100米自由泳接力比赛。

1924年7月,在法国巴黎举行第八届奥运会。其中男子游泳比赛项目有:100米自由泳、400米自由泳、1500米自由泳、200米仰泳、200米蛙泳和4×200米自由泳接力。女子游泳比赛项目有:100米自由泳、400米自由泳、4×100米自由泳接力和100米仰泳、200米蛙泳。

1928年8月,在荷兰阿姆斯特丹举行第九届奥运会。本届奥运会游泳比赛的项目仍是男子6项、女子5项,除了将上届男子200米仰泳比赛的项目改为100米仰泳比赛外,其他项目和第八届奥运会游泳比赛的项目相同。

1932年8月,在美国洛杉矶举行第十届奥运会。

1936年8月,在德国的柏林举行第十一届奥运会,这两届奥运会游泳比赛的项目和第九届奥运会游泳比赛的项目相同。

由于第二次世界大战爆发,多个国家相继卷入战争中,致使第十二届、第十三届奥运会未能举办。随着世界反法西斯主义战争的全面胜利,1948年奥运会的比赛才得以恢复。

1948年,在英国伦敦举行第十四届奥运会。游泳比赛共有11个比赛项目。中国派出了33名男运动员参加了篮球10人、足球18人、田径3人、游泳1人、自行车1人共5个项目的比赛,未能取得名次。美国获得男子游泳全部金牌。丹麦女子游泳选手格雷塔·安德森获得了1枚金牌和1枚银牌。

1952年, 在芬兰赫尔辛基举行第十五届奥运会。游泳比赛共有十一个比赛项目。中国奥委会因当时国际奥委会某些领导人蓄意制造"两个中国"行为受阻,故仅参加了男子游泳的一个项目和最后的闭幕式。

1956年12月,在澳大利亚墨尔本举行第十六届奥运会。这届奥运会游泳项目新增了男子200米蝶泳,男子项目增加到7项。女子游泳项目亦新增了100米蝶泳,女子项目增加到6项。

1960年9月,在意大利罗马举行第十七届奥运会。这届奥运会共设置了15个游泳项目,除上届原有项目外,增加了集体项目男子4×100米混合泳接力和女子4×100米混合泳接力。

1964年10月,在日本东京举行第十八届奥运会。本届奥运会的游泳比赛项目共18项,男子10个项目、女子8个项目。除上届原有项目外,增加了男子400米混合泳、女子400米混合泳、男子4×100米自由泳接力。

1968年10月,在墨西哥城举行第十九届奥运会。本届奥运会游泳比赛项目由上一届的18个项目增为29个项目,新增了11个项目的比赛,分别是男子200米自由泳、100米蛙泳、200米仰泳、200米个人混合泳、100米蝶泳。女子200米自由泳、100米蛙泳、200米仰泳、200米个人混合泳、200米蝶泳、800米自由泳。

1972年8月,在联邦德国慕尼黑举行第二十届奥运会。这届奥运会游泳比赛项目共29项。分别为男子15个项目和女子14个项目。本届奥运会游泳比赛共30次打破了22项世界纪录。随着游泳运动的发展,国际泳联认为游泳运动的国际性比赛只有在四年一届的奥运会上举行比赛,时间相隔太长,因此做出决定,今后每隔两年举办一届世界游泳锦标赛。这一决定大大促进了世界游泳运动水平的提高和游泳运动的发展。

1976年7月,在加拿大蒙特利尔举行第二十一届奥运会。本届奥运会游泳项目做了相应的调整和增删,共有26个比赛项目。

1980年7月,在苏联莫斯科举行第二十二届奥运会。本届奥运会的游泳项目与上届相同。在本届奥运会游泳比赛女子项目中,民主德国队成绩尤为突出,7次打破世界纪录。

1984年7月,在美国洛杉矶举行第二十三届奥运会。这届奥运会游泳比赛的项目设定了29项。其中男子15项,女子14项。在本届奥运会29个项目的比赛中,11次打破10项世界纪录,30次打破19项奥运会纪录。17岁的澳大利亚选手乔·西木在男子200米蝶泳的比赛中以1分57秒04的成绩获得冠军,并打破该项世界纪录,震惊了世界泳坛。

1988年9月，在韩国汉城(今首尔)举行第二十四届奥运会。这届奥运会游泳项目达到了31项。在这届奥运会游泳比赛中，中国女子游泳水平有了历史性的突破，取得了丰硕的成果，黄晓敏在200米蛙泳的比赛中以2分27秒49的成绩获得亚军，该成绩打破了亚洲纪录。庄泳在100米自由泳比赛中以55秒47的成绩获得亚军，杨文意在50米自由泳比赛中以25秒64的成绩获得亚军，钱红在100米蝶泳比赛中获得季军，同时中国女队在4×100米自由泳接力比赛中以3分44秒69的成绩获得第四名。中国运动员共获得3银1铜和一个第四名的好成绩。

1992年7月，在西班牙巴塞罗那举行第二十五届奥运会。本届奥运会游泳比赛的项目共26项。中国女队不负众望，再创佳绩。庄泳获得100米自由泳冠军，钱红获100米蝶泳冠军，林莉获200米个人混合泳冠军，杨文意获50米自由泳冠军。

1996年7月，在美国亚特兰大举行第二十六届奥运会。比赛项目32项，新增了女子4×200米自由泳接力。中国女子运动员乐靖宜在100米自由泳比赛中获得金牌。

2000年9月，在澳大利亚悉尼举行第二十七届奥运会。在本届奥运会游泳比赛中中国游泳队无人问津奖牌。

2004年8月，在希腊雅典举行第二十八届奥运会。世界游泳运动进入了辉煌时代。

2008年8月，在中国北京举行第二十九届奥运会。本届奥运会游泳比赛的项目达到了34项之多，除了第二十八届雅典奥运会32个游泳比赛项目之外，还增设了男女10公里马拉松游泳两个项目。在本届奥运会游泳比赛中，美国队的菲尔普斯成为新世纪的世界泳王，在34个项目中，美国男队获12枚金牌，菲尔普斯1人获得8枚金牌。游泳运动进入了巅峰时代，令世人瞩目。

(三)我国游泳运动的历史与发展

关于中国游泳的起源一直没有准确的文献记载。原始社会低下的生产力和严酷的生活条件迫使人们不断改进自己的身体和智力。人类发展了走、跑、跳、爬、泳、投等技术，游泳就是人类在社会劳动和社会发展过程中，在征服自然和改造自然的斗争中产生和不断丰富发展的。

早在三四千年前的殷商时期，在龟甲上记载的原始象形文字中，就有“浴”“澡”“洗”等原始象形文字。“泅水”一词的“泅”字最早见于春秋战国时期(前770年—前221年)列子曰“习于水，勇于泅”。

夏朝时已有了淋浴器皿的制造，人们不仅经常洗浴，并且对洗浴的地点也从河流中移到了室内。到了春秋战国之后，洗浴已很普及，并且已形成了习惯。当时人们到河水中去洗浴是很方便的，因而从洗浴发展为“泅水”这与古罗马、埃及、亚述的传说中游泳起源于“淋浴”是一致的。

到了公元前475年到前221年间的春秋战国时期，关于泅泳的方式，有了更加详细的记载。《诗经》中曰："就其深矣，方之舟之，就其浅矣，泳之游之。"从各类史书的记述中，我们了解到原始社会中已有渔猎生活，进入封建社会以后，渔猎生产活动得到了进一步的发展，而作为渔猎生产活动不可缺少的泅水(泅泳)也不断改进和发展。我们的祖先栖居于黄河中下游和靠近水域的地区，经常受自然灾害的影响，他们为了获取生活资料，为了生存和社会的发展，在与自然界的抗争中，逐步掌握了驾驭水的泅水方法和泅泳技术，我们把这种活动称为中国古代较早的游泳。

我国竞技游泳始于19世纪后期。1887年在广州建成了我国第一个25米室内游泳池，并举办了竞技游泳比赛，随后在香港、广东、福建、上海、青岛、大连等沿海城市，竞技游泳逐步发展起来。1912年，菲律宾、中国和日本三国发起并组成三国参赛的远东运动会，在运动会的比赛中就设有游泳项目。

从1913年第一届远东运动会到1934年第十届远东运动会，我国均派代表参赛。在参加运动会期间，特别是1915年在上海举行的第二届远东运动会上，我国运动员在游泳项目的比赛中获得了冠军，这对我国的竞技游泳运动起到了积极的推广作用。1924年我国成立了"中国游泳研究会"，随后在华东、华北和中南一些地区相继组成了一些游泳团体，我国竞技游泳取得了进一步的发展。1934年以后，由于日本帝国主义侵略中国，我国拒绝参赛，远东运动会自然停止。

自1910年到1948年旧中国共举办过7届全国运动会。在1924年举办的第三届全国运动会上就开始设置了游泳比赛项目。当时，旧中国贫穷落后，忍受着日本帝国主义的侵略，竞技游泳仅局限在沿海城市开展，整体水平仍较低，全国游泳记录仅仅相当于现在的国家二级运动员的水平。

在战火纷飞的抗日战争时期，中国共产党曾在自己领导下的苏区和解放区里以延河水为"天然游泳池"，利用清凉山下的石崖做跳台练习游泳和跳水，几乎每年都举行游泳比赛。延安还成立了"延安体育会"，为机关、学校和部队进行游泳辅导活动，组织多种形式的游泳比赛，比赛项目除了自由泳和蛙泳外，还有步兵、骑兵武装过河，个人水中寻物、救人、潜水、跳水表演等活动，使广大人民群众、机关干部、部队官兵既学会了游泳，又强健了体魄。

1949年新中国成立后，党和政府关心游泳运动的发展，对一些城市旧的游泳池(馆)进行了维修，同时还建立了一些新的游泳池(馆)。并多次举办游泳比赛，使我国游泳运动技术水平有了很大提高。

1952年9月在广州举办了华东、华北、东北、中南、西南五大行政区和解放军及铁路工会共7个代表队参加的新中国首次全国游泳竞赛大会。并决定今后每年举办一次全国性的游泳比赛。

1953年在罗马尼亚举行的第一届国际青年友谊运动会上，我国优秀游泳运动员吴传玉在男子100米仰泳比赛中以1分06秒04的成绩获得冠军，五星红旗首次在国际赛场上飘扬,为新中国争得了荣誉。

1956年“中国游泳协会”成立。期间我国游泳运动员还多次参加了国际性的比赛,并聘请了匈牙利、苏联游泳教练来我国执教,引进了国外先进的游泳技术和训练方法,为我国游泳运动的快速发展打下了坚实的基础,使我国游泳运动员的整体水平迅速提高。同年我国著名游泳运动员戚烈云以1分11秒06的成绩打破了100米蛙泳的世界纪录。1958年我国著名游泳运动员穆祥雄在男子100米中又以1分11秒04、1分11秒03和1分11秒01的成绩三次打破男子100米蛙泳的世界纪录, 在当时成为世界泳坛风云人物。1960年我国著名游泳运动员莫国雄又以1分11秒的成绩再次打破了由穆祥雄保持的男子100米蛙泳1分11秒01的成绩。

1952年至1960年,我国在男子100米蛙泳比赛项目中曾先后5次打破世界纪录。到1965年时我国男子游泳项目100米自由泳、100米蝶泳和200米蛙泳的成绩也达到了相当于世界前6名和前10名的水平。我国竞技游泳水平进入了黄金时期,处于世界游泳强国行列。

正当我国竞技游泳水平快速发展的时候,1966年在全国范围内的 “文化大革命”运动开始了,许多著名运动员、教练员受到了近十年“文革”运动的冲击,游泳运动的训练比赛几乎全部停止,使我国在当时处于世界领先水平的游泳运动,与世界游泳水平拉开了距离。十一届三中全会后,我国游泳运动得到了蓬勃发展。1980年8月,国际游泳联合会恢复了中国游泳运动在国际泳联的席位。同年8月在美国夏威夷举行的“自由钟”杯国际游泳比赛中,我国女运动员梁伟芬以1分12秒84的成绩夺得了女子100米蛙泳冠军,被誉为“女蛙王”。她是我国“文革”后达到世界水平的第一个女子游泳运动员。这一成绩为以后我国游泳运动的进一步发展奠定了基础。1982年在印度新德里举办的第九届亚运会游泳项目的比赛中,中国游泳队夺得3枚金牌,实现了中国游泳队在亚运会上金牌“零”的突破。

从1985年起国家体委又开始举办全国青少年运动会游泳比赛,1986年我国游泳运动飞速发展,进入了黄金时期,同年9月在韩国汉城(今首尔)举办的第十届亚运会游泳项目的比赛中,中国游泳队共获得10枚金牌、8枚银牌和7枚铜牌。共创造了3个项目的亚洲最好成绩,尤其在女子游泳项目上成绩突出,进入世界领先行列。中国游泳队在本届运动会上共获奖牌26枚,虽然金牌总数不敌日本队,但对亚洲泳坛霸主日本队产生了强大的冲击,亚洲泳坛格局发生了重大变化,中国游泳运动位居亚洲第二。

1988年起我国将每年春季和秋季的全国游泳比赛改成全国冠军赛和全国锦标赛,并开始举办全国城运会游泳比赛和全国短池游泳锦标赛,由于各类比赛的频频举行,大众的游泳运动取得了进一步发展和提高。同年8月在广州举办的第三届亚洲游泳锦标赛上, 我国女子运动员杨文意在50米自由泳比赛中以24秒98的成绩创造了女子50米自由泳世界纪录,这次运动会上我国游泳健儿共获得24枚金牌,金牌总数远远超过了日本队，成为亚洲泳坛新一代的霸主，实现了中国游泳运动“冲出亚洲，走向世界”的目标。

中国竞技游泳运动更为突出的是在1990年第十一届北京亚运会上，本届亚运会游泳项目共31项，我国运动员夺得了23枚金牌，其中女子游泳15个比赛项目的金牌我国运动员全部包揽，中国以金牌比23:7的绝对领先优势战胜日本队，再次成为亚洲泳坛的霸主。

1991年在第六届世界游泳锦标赛上，我国女子游泳运动的水平震惊了世界泳坛。庄泳获得了50米自由泳比赛的金牌，林莉获得了200米个人混合泳和400米个人混合泳两块金牌，钱红获得了100米蝶泳金牌，中国女队摘得4金，打破了我国游泳运动在世界游泳大赛上无金牌的纪录。

1992年，在西班牙巴塞罗那举办的第二十五届奥运会游泳项目比赛中，我国著名女子运动员，庄泳、杨文意、钱红和林莉，分别获得100米自由泳、50米自由泳、100米蝶泳和200米个人混合泳4个冠军，取得了4金5银和两次破世界纪录的好成绩，改写了我国游泳运动在奥运会比赛上无金牌的历史。

1994年9月中国代表团在意大利罗马举行的第七届世界游泳锦标赛上获得女子游泳16个项目中的12枚女子游泳金牌，打破5项世界纪录，女子团体成绩位列第一。这一骄人的成绩再次震惊了世界泳坛。

1994年10月，在日本广岛举行的第十二届亚运会中，中国游泳队有7名运动员尿样送检呈阳性，中国队虽获得了15枚金牌，但赛后被宣布取消了8个金牌项目的成绩，并做出两年禁赛的处罚。兴奋剂问题在国内外造成了恶劣影响，使合理的科学化训练手段遭受了严重的伤害，更违背了公平竞赛的原则。中国游泳运动的发展受到了严重冲击，竞技水平出现滑坡。

1996年，在美国亚特兰大举行的第二十六届奥运会游泳比赛的32个项目中，中国游泳队仅获得了1枚金牌、3枚银牌和2枚铜牌。

1998年，在澳大利亚珀斯举行的第八届世界游泳锦标赛上，中国游泳队获得了3金、2银、3铜的成绩，其中男子运动员曾启亮成为获得奖牌的第一人。同年在泰国曼谷举办的第十三届亚运会上，中国游泳队获得了13枚金牌，以两枚金牌之差负于日本队，日本队又一次成为亚洲泳坛霸主。

2000年，在澳大利亚悉尼举行的第二十七届奥运会游泳比赛中，中国运动员没有获得一枚金牌。这次比赛是我国自1988年汉城奥运会后参加世界游泳大赛成绩最差的一次。中国游泳运动事业自广岛亚运会后，受到兴奋剂事件的严重影响，竞技水平出现滑坡，中国游泳协会为杜绝这些违纪行为，采取了一系列有效的措施，加强了检测力度和处罚力度，才使得我国游泳运动事业重新回到健康、公正、有序的轨道上来。

2001年，在日本福冈举行第九届世界游泳锦标赛，我国女运动员罗雪娟获得了50米和100米蛙泳比赛两项冠军。这届世锦赛上我国游泳成绩有所好转。

2002年,在韩国釜山举行第十四届亚运会,在这届亚运会游泳比赛的32个项目中,中国游泳队共夺得20枚金牌,我国游泳运动终于走出了低谷,全面回升,以20:11的金牌总数战胜了日本队,重新坐回亚洲泳坛霸主位置。

2003年,在西班牙巴塞罗那举行第十届世界游泳锦标赛,我国女运动员罗雪娟再次获得了女子50米和100米蛙泳2块金牌,女子游泳队在4×100米混合泳接力决赛中获得金牌,中国队共收获了3枚金牌。

2004年,我国著名运动员罗雪娟在第二十八届雅典奥运会游泳比赛中,又一次获得了女子100米蛙泳金牌。中国女队在4×200米自由泳接力决赛中夺得了银牌。

2005年,中国游泳队在加拿大蒙特利尔举行的第十一届世界游泳锦标赛上只获得了1枚银牌、4枚铜牌。吴鹏在男子200米蝶泳的决赛中获得铜牌,这枚铜牌是我国男子游泳项目在世界性游泳比赛中获得的第2枚奖牌。

2006年,中国游泳队整体水平有所提高,在卡塔尔多哈举行的第十五届亚运会游泳项目比赛中共夺得了16枚金牌。

2007年, 中国运动员吴鹏在澳大利亚墨尔本举行的世界游泳锦标赛男子200米蝶泳的决赛中,获得了1枚银牌,使中国游泳运动在男子个别项目上缩小了与世界的距离。

2008年,在中国北京举行第二十九届奥运会,本届奥运会游泳比赛的34个项目中,中国游泳队获得了1金、3银、2铜。打破了一项世界纪录,刷新了一项奥运会纪录和11项亚洲纪录。

2009年,在意大利罗马举行第十三届世界游泳锦标赛。本届世锦赛上中国游泳军团获得了4金、2银、4铜的成绩。这是中国游泳队从第7届世界游泳锦标赛后,时隔15年来取得的最佳成绩,从而确立了中国竞技游泳水平在世界泳坛的领先地位。

2010年,中国游泳队在第十届短池世界游泳锦标赛40个项目的比赛中获得了3金、5银、6铜的成绩,虽然金牌榜只列第4位,但以奖牌总数第二的成绩仅次于美国队,充分表现出中国游泳在短距离项目上的实力。对世界游坛霸主美国队构成了威胁。

2011年,在中国上海举行第十四届世界游泳锦标赛,本届世锦赛上中国游泳队以5金、2银、7铜并打破一项世界纪录的骄人战绩,再次创造了中国游泳军团继1994年后近17年以来所取得的最佳成绩, 同时也向世人宣告了中国游泳已全面崛起。

2012年, 在伦敦奥运会上中国运动员在游泳项目上获得了5金、2银、3铜的成绩。中国游泳队从进步中认识到存在的不足,在不断总结经验的基础上,更加刻苦训练,以满腔的激情、旺盛的斗志,将最佳的状态展现在了2012年伦敦奥运会上。

(四)四种游泳姿势的起源与发展

1.自由泳

在公元前750年的一个希腊花瓶上,就绘制有两臂轮流划水的游法。据现有的资料记载,较早采用两臂轮流划水动作的是一个叫作丁·杜鲁穗金的英国人。

在1900年举行的第二届奥运会上,匈牙利运动员哈尔曼采用两臂轮流划水、拖腿的方法获得了自由泳200米铜牌和400米的金牌。4年后他又在第三届奥运会游泳比赛中获得了自由泳50米和100米比赛的金牌。后来英国人查·卡维尔创造了两腿轮流打水的方法,为自由泳技术的发展开辟了新的道路。1922年美国人韦斯摩勒用两臂轮流划水各一次,两腿打水6次的方法创造了新的世界纪录,成为第一个突破100米自由泳1分大关的运动员。他的这一技术被认为奠定了现代自由泳的基础。

2.蛙泳

蛙泳的历史悠久,1696年产于法国,早期称作"俯泳"或"胸泳",法国人德文诺特在《游泳技术》一书中说,俯泳是在水里两臂向两侧划水,配之以两腿协调的蹬夹动作向前移动,并把这种姿势比作青蛙游水的动作,故称"蛙泳"。1875年英国的韦布成为世界上第一位采用蛙泳横渡英吉利海峡的尝试者。欧洲中世纪以后,蛙泳最先被列入游泳比赛项目,而其他泳式均源于蛙泳。

3.仰泳

仰泳是人类仰卧在水中向前游进的一种姿势。仰泳技术的产生和发展有较长的历史,1794年就有了关于仰泳技术的记载,直到19世纪初游仰泳时采用两臂同时向后划水,两腿做蛙泳的蹬水动作,即现在的"反蛙泳"。自从1902年出现仰泳技术后,由于仰泳技术合理,游进速度快,开始有人采用类似仰泳的两臂轮渡向后划水的游法。但是直到1921年才初步形成了现在的仰泳技术。仰泳姿势由于头部露出水面,呼吸方便,身体躺在水面上,比较省力,因此这一泳姿深受游泳爱好者喜爱。

4.蝶泳

蝶泳又称"海豚泳",由蛙泳的动作演变而来。1933年美国人亨利·米尔斯在布鲁克林青年总会的游泳比赛中,首次向世界展示两臂同时出水从空中出手移向前方,双腿用力蹬水的动作,由于动作似蝴蝶展翅,故称为"蝶泳"。当时并没有设置单独的蝶泳比赛项目,而是存在于蛙泳比赛中,1935年这一泳姿获得国际游泳联合会的承认,成为独立的运动项目。蝶泳在四种游泳姿势中是最年轻的项目,蝶泳出现在1933年,直到1953年匈牙利运动员乔治·董贝克用他的动作创造了蝶泳的世界纪录,其技术动作是一个双臂宽划水,双腿并拢打三次水。到了20世纪60年代蝶泳形成了三种技术类型:一是两臂宽划水打一次腿,拖一次腿;二是窄划臂,打一次重腿,打一次轻腿;三是高肘划水,加长了双臂划水路线,打两次重腿。这些技术的出现使蝶泳运动得到了迅速发展。

二、熟悉水性

熟悉水性是学习游泳的第一步，它能让练习者适应水环境，消除对水环境的紧张恐惧心理，同时也是学习在水上、水下进行换气的重要阶段。熟悉水性的过程适合在浅水池中进行，而且练习难度由低慢慢增高，一般采用的是先陆地模仿水中动作，等到基本掌握要领后再到水中进行练习的方式。熟悉水性的主要内容有水中行走、呼吸、漂浮、滑行、水中游戏等等。

(一)水中行走

水中行走的目的是让练习者体会和适应水的阻力、压力、浮力和消除怕水心理，保持身体平衡。

1.手扶池边水中行走

练习者侧对池边，站立池中，一手扶池边向前走(如图2-1)或者向后退，在前进和后退的过程中，另一手臂学习向前和向后拨水来控制身体平衡。

图2-1

2.水中前后走

练习者站立于池中，向前行走的同时，双手在水中向后拨水(如图2-2)，在向后退走时，双手向前拨水。

图2–2

3.水中跳

练习者两臂前伸平放水中，脚蹬池底，向上跳起的同时，两臂向下压水（如图2–3）。

图2–3

（二）水中呼吸

练习者在水中呼吸，是采用嘴呼吸或者嘴吸气、嘴鼻呼气的方式，每一次呼吸是由“吸气—憋气—吐气” 动作组成。游泳时呼吸的注意力应当放在用力吐气的动作上，这是因为用力把气吐“光”之后，会造成一种“被动式”吸气。用力吐气的作用不仅可以快速将体内的空气排出，还可以将经过面部向下流的水吹开，防止在吸气时将水吸入嘴中。

初学练习者可以在吐吸时配合发出“啪—啊”的声音来帮助其更快掌握在水中换气的动作要领，吐气时主要是腹腔发力，吸气时主要是胸腔发力。

1.陆上模仿

（1）直立嘴呼嘴吸气练习

练习者直立陆地上，全身放松。练习时必须只用嘴吸气、嘴呼气，同时可以把手掌放在嘴前一寸处，检查鼻子是否有漏气（如图2–4）。

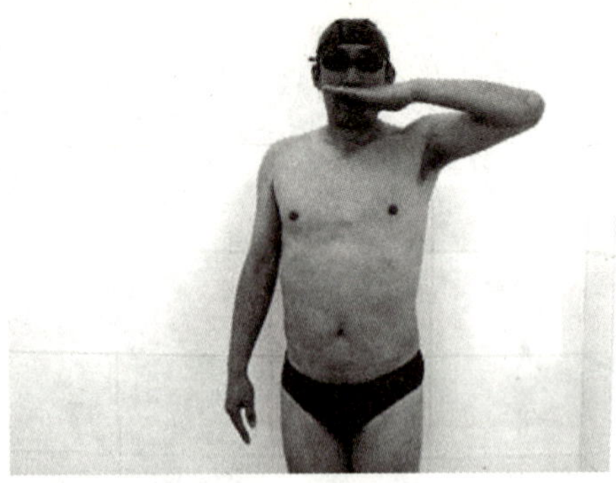

图2-4

(2)直立换气练习

练习者直立于陆地上,按照"吸—憋—呼"的顺序反复模仿水中换气练习,闭憋气10~20秒(视情况灵活把握)后吐气。

(3)扶墙换气练习

练习者面向墙壁站立,体前屈,两手扶墙使躯干和地面接近平行,头部在两臂之间,先抬头后仰吸气(如图2-5),吸气后低头稍憋气,然后慢慢吐气(如图2-6),快吐完时再将头部向后仰用力吐气,并进行多次重复练习。

图2-5

图2-6

2.水中换气练习

(1)扶池边水下闭气—出水吐吸气练习

练习者面向池边站立于水中,两手扶池边,深吸气后,低头,将头浸入水中,在水下憋气(如图2-7)10秒左右,抬头吐气(在抬头吐气时用力发出"啪"的声音),再吸气(如图2-8)。练习者经过反复练习,换气动作越来越熟练,抬头在空中吐吸气时间也要随之缩短。

图2-7

图2-8

(2)扶池边水下闭气、吐气—出水吸气练习

练习者面向池边站立于水中,两手扶池边,深吸气后,低头,将头浸入水中,在水下先经过短时间的闭气后慢慢吐气,10秒左右抬头吐完最后一口气,再吸气。

(3)站立水中换气练习

练习者站在池中,深吸气后,屈膝下蹲,让池水没过头顶(如图2-9),并在水下慢慢吐气。待到快要将气吐完时,伸直膝关节使头露出水面(如图2-10)。当嘴从水下露出水面后先用力吐气再吸气。刚开始练习时,吐吸气的时间可以长一点,要尽量不喝水、不呛水,随着练习次数增加,再将在水面上的呼吸时间缩短。

图2-9

图2-10

3.常见错误与纠正

(1)换气动作过猛

换气时猛抬头、屈肘,整个上半身都露出了水面。在做陆地上换气模仿动作的时候就要强调:是头后仰,不是抬头、抬身体。

(2)不敢把气吐尽

有的练习者担心吸气时间不够,不敢把气吐尽,老是留着半口气,殊不知这半口气占地方,几次这样的换气动作后就再也无法正常吸气了,只能停下来。

(3)鼻子进水

这是因为没有掌握正确的呼吸技术,让鼻子参与到吸气动作中了。在这里要建议练习者在呼吸时鼻子都不参与工作，等到熟练以后可以用鼻子参与到呼气工作中，同时要提醒自己游泳换气时吐气比吸气重要，吐气动作正确而充分，那吸气就是轻而易举的事情。

（三）水中漂浮练习

漂浮练习是体会水的浮力，保持身体俯卧平衡的重要练习。

1.水中团身漂浮练习

练习者深吸气后，体前屈低头，双脚蹬池底，收腹、收大腿，双手抱膝或小腿，呈团身姿势，背部露在水面（如图2-11）。然后双手松开并前伸，双手向下压水并抬头，同时两腿伸直（展髋、伸膝），站立池中。重复练习，直到练习者能够很轻松地漂浮在水面上和站立在水中为止。

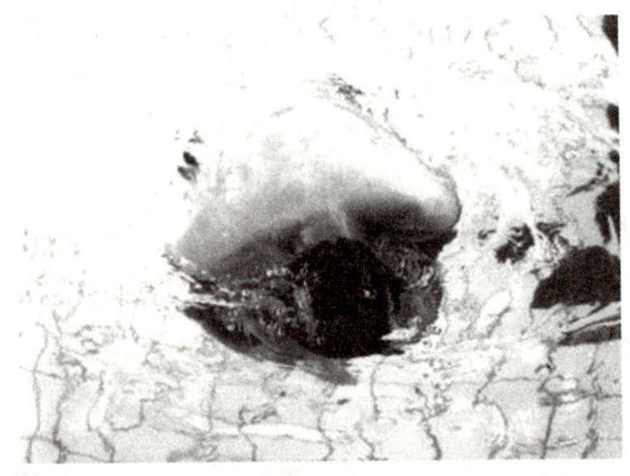

图2-11

2.扶池边漂浮练习

练习者双手扶池边站立，深吸气、低头并把头夹在两臂之间，水面在头顶处（如图2-12）。如果身体浮不起来，可以将双手上下分开（大约一尺的距离），上面的手用力拉住池边，下面的手用力推池壁，借助手臂力量就可以把身体漂浮在水面上。

图2-12

3.直体漂浮后站立

练习者站立池中深吸气后，两手浮在水面上，身体向前倾斜，轻蹬池底使身体伸直，水平漂浮于水面上(如图2–13)，然后双手抱膝漂浮于水面上，双手向下压水并抬头，屈膝收大腿，使身体由俯卧转为垂直后，同时两腿伸直，在池底站立。口诀是：收腹屈膝脚落地，双手轻轻来用力，最后把头来抬起。

图2–13

以上练习次数要做5~8次/组×2组。练习时要求憋住气或者在水下慢吐气，每次憋气或者慢吐气时间坚持在10秒左右。

(四)水中滑行

滑行的练习目的是使练习者学习和掌握游泳时的流线型身体姿势，为各种泳姿的学习打下基础。

1.握浮板蹬壁滑行练习

首先，练习者双手握浮板，背靠池边站立于水中。然后深吸气，向前弯腰的同时两脚尖轻蹬池底，借助水的浮力向水面提臀，屈膝向上收小腿，两脚靠近水面的池壁，漂浮在水面上(如图2–14)。

图2–14

当头和肩没入水中后，两脚轻蹬位于臀部后方的池壁，两腿顺势伸直，直体向前滑行(如图2–15)。

图2-15

2.徒手蹬壁滑行练习

动作要领和练习方法与握浮板蹬壁滑行相同，只是不用带浮板。

3.手握浮板蹬池底滑行练习

练习者两脚前后开立，两臂前伸，两手握浮板，深吸气后上体前倾并屈膝(如图2-16)，当头和肩没入水中时前脚掌用力向后下蹬离池底，随后两腿伸直并拢，使身体呈俯卧、流线型姿势在水面上向前漂浮、滑行(如图2-17)。

图2-16

图2-17

以上练习初学者通过20次左右的练习，就基本能适应以平行于水面的身体姿势向前滑行，同时也能基本掌握用力蹬池壁向前滑行的技巧。游泳提高者也要常常练习这个动作，这样可以让身体在水中滑行时阻力越来越小，有利于提高游进速度。

(五)水中游戏

水中游戏是以促进身体健康、帮助克服对水的恐惧和加快熟悉水性、提高水感为目的。水中游戏以它特有的内容、情节、形式、规则及要求，可以提高练习者在水中的身体能力。水中游戏的内容生动活泼、丰富多样，并且有知识性、趣味性、娱乐性和竞赛性，容易激发青少年学生和广大游泳爱好者的积极性。水中游戏简单易行，受场地器材的限制较小。因此，水中游戏在游泳活动中，深受练习者欢迎。

下面我们就简单介绍几种水中游戏：

1.水中寻宝

由于许多练习者初次进入游泳池，会产生对水的恐惧心理，不敢将头沉入水中。“水中寻宝”游戏可以很大程度上分散练习者对恐惧的注意力，在游戏的过程中既练习了呼吸，又增加了学习的乐趣。把一些五颜六色对人对水没有危害的可以沉入水底的玩具，投入水中，让练习者潜入水底寻找并取回。

2.水中投球

把练习者分为两组（每组可以用一个水球也可以用多个水球），要求把水球投入到由同组队员手扶的游泳圈里，相同时间内投中次数多的一组获胜，此游戏可以让练习者感受在水中移动的稳定性、准确性和水中的位置感，提高他们对游泳的兴趣。

3.水中大战

练习者可以分为单人或多组，同伴之间互相泼水，并向前逼近对手，将对手逼退为胜，此游戏对那些怕水的练习者和不愿意将头部沉入水中的练习者有很大促进作用，可以帮助他们尽快掌握换气能力。

4.水中赛跑

水中赛跑可以提高身体的平衡能力。可以根据不同的情况提出不同的要求，比如练习者人数多，可以分组进行接力比赛。游戏方法也很简单，将练习者排成一路纵队（如果是对抗比赛就得分成两路以上）站于池的一边，当听到出发的口令后，立刻跑向对面。

5.抢帽子

练习者分成两队（两队泳帽颜色不同），在池的两端站立，开始后，两队相互抢对方练习者头上的泳帽，当自己的泳帽被抢后站到自己一侧池端，退出比赛，在规定时间内抢到泳帽多的一队获胜。水中抢泳帽游戏可以很好地提高练习者水中移动能力与练习兴趣。

三、爬泳

在1896年第一届奥运会上，自由泳被列为正式比赛项目，因为自由泳不受任何姿势的限制，而爬泳速度最快，所以也就成了自由泳的唯一姿势，这种姿势结构合理、阻力小、速度均匀，是最省力的泳姿。游爬泳时，人在水中呈俯卧姿势，两腿交替上下打水，两臂轮流划水，动作很像爬行，所以称为“爬泳”。

下面本文将从身体姿势、腿部技术、手臂技术、完整配合技术、出发和转身六个部分对其动作要领、练习方法、错误与纠正、巩固与提高等方面进行一一阐述。

（一）身体姿势

保持良好的身体姿势可以使练习者在游泳的过程中，减小游进时的阻力，有利于身体各肌肉群协调用力从而提高游进时的速度。

1.动作要领

(1)良好的流线型

双肩向前拉伸，使胸部和腹部较平滑，形成良好的流线型，使水的阻力降到最小。

(2)身体保持水平

两眼目视前下方，髋关节略低于肩关节，身体和水平面有一个较小的夹角。

(3)身体不能有明显的摆动

如果身体摆动姿势过大，不仅会增加游进时的阻力，而且还会增加自身能量的消耗，影响游进时的速度和耐力（如图3-1）。

(4)身体围绕纵轴转动

游泳时身体按一定规律围绕纵轴转动，可以充分利用躯干肌肉群收缩力的作用，增加推水力量，同时随着身体转动，移臂动作和呼吸动作也可以轻松完成。

图3-1

2.练习方法

(1)陆上模仿

练习者身体水平俯卧在地上(如图3-2),两臂、两肩向前伸与地面平行,体会在水中接近平行于水面时的身体姿势的感觉。

图3-2

(2)水中蹬池壁滑行

见第二章水中滑行练习。

(3)蹬池底滑行

见第二章水中滑行练习。

练习者通过五到十分钟的陆地上身体姿势练习，再进入到游泳池中进行水中练习。当练习者蹬池壁滑行能超过五米,基本掌握了爬泳身体姿势动作要领后,就可以开始进行爬泳腿部技术动作练习。

(二)腿部技术

爬泳腿部技术动作练习对于练习者来说，两腿轮流交替的上下鞭状打水动作是重点,也是难点。在掌握好爬泳身体姿势的前提下,为了更好控制身体在水中的平衡,同时获得一定的推进力,所以我们要学习和掌握爬泳腿部技术动作要领,为学会爬泳打下基础。

1.动作要领

腿部练习口诀有:“大腿发力髋为轴,两腿交替频率快,脚掌内旋脚腕松,打水要浅水花溅。”爬泳腿部动作由向上打腿和向下打腿动作组成,在整个过程中,脚稍内扣,踝关节放松,由髋关节发力,以大腿带动小腿做交替打水动作。在实际过程中有绕纵轴和转动动作,所以腿部打水动作也是向侧上侧下打水。

(1)向上打水

练习者在进行向上打水时,先是大腿带动小腿直腿开始向上打(如图3-3左腿),接近水面时屈膝,小腿上抬,使脚掌露出水面后开始准备向下打水(如图3-4左腿)。在开始练习时可直腿打水,向上打水稍放松,不要僵硬,在水的压力下腿会自然弯曲。

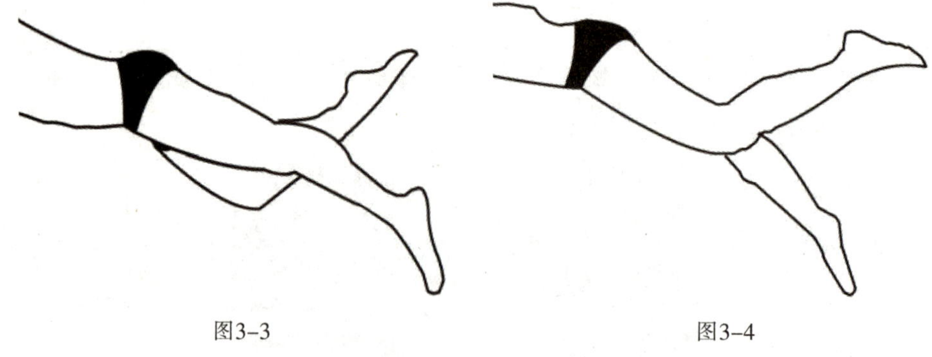

图3-3　　图3-4

(2)向下打水

练习者向上打水结束时,就开始了向下打水动作,向下打水时前膝关节弯曲角度约130~160度(如图3-5),整个打水幅度约为30~40厘米,向下打水时要发力,要绷脚背,不能勾脚尖。

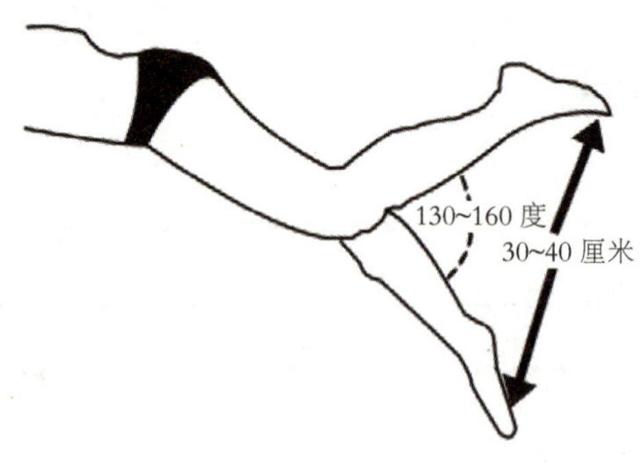

图3-5

2.练习方法

(1)陆上模仿练习

首先,练习者俯卧于地上,两腿、两臂伸直,两掌重叠掌心向下放在地上(如图3-2)。

然后,两腿上下交替做打水的动作(如图3-6和3-7)。

图3-6

图3-7

(2)水中扶浮板腿部练习

首先,练习者两手握浮板直体漂浮在水面上。要换气时,两手轻压浮板向左或者向右转动头部让嘴露出水面换气,在换气的过程中腿部动作不要停顿。

然后,两腿上下交替做打水的动作(如图3-8和3-9)。

图3-8

图3-9

(3)徒手水中腿部练习

徒手水中打腿练习和水中扶浮板打腿基本相同，只是徒手水中打腿时不带浮板,两臂伸直,两手相向重叠,掌心向下。

练习者先在陆地上模仿爬泳腿部练习，能够正确并熟练掌握爬泳腿部动作要领后,再到游泳池中进行练习,通过一个小时左右的水中爬泳腿部技术动作练习,练习者应该可以做到利用做爬泳腿部技术动作向前流进。通过重复练习,练习者能够在水中手握浮板利用做爬泳腿部动作向前流进25米左右，就可以进入下一个练习当中。

提高者,也需要用很多时间来练习爬泳腿部动作,并根据自己的需要有计划进行练习。比如要提高100米爬泳的成绩,那就专门练习100米爬泳打腿,增强100米爬泳打腿的速度和耐力,从而提高100米爬泳的运动成绩。

3.错误与纠正

(1)屈膝过大

错误:小腿过于紧张。

纠正：放松小腿，用直腿做打水练习，体会大腿带动小腿动作。

(2)勾脚尖打水

错误：踝关节灵活性差。

纠正：踝关节灵活性差，要求绷直脚尖，多做压踝关节活动。

(3)小腿打水

错误：向上打水时屈膝过多，没有利用大腿带动小腿来做打水动作。

纠正：强调向上打水时脚跟不露出水面；多做直腿打水练习，体会大腿带动小腿的动作要领。

(三)手臂技术

爬泳手臂动作是产生向前推进力的重要来源，这一技术的优劣决定练习者的速度。爬泳手部练习口诀有："爬泳身体须水平，两臂交叉向前行，肩前手指先入水，伸肩屈腕抓抱水，高肘屈臂掌对水，'形'字路线要做对，划水结束至髋边，转肩提肘快出水。"

1.动作要领

爬泳划臂技术可以分为水下划水和空中移臂两个阶段。

(1)水下划水

为了使练习者更快更好掌握水下划水技术，我们将这一个阶段分为入水、向下划水、向后划水、推水和出水四个部分。

a)入水

练习者完成空中移臂动作后，手臂自然放松入水，入水点一般在身体纵轴和肩关节的前方延长线之间。入水时手指自然伸直并拢，手臂内旋使肘关节抬高处于最高点，手掌指向斜外下方(如图3-10)，使拇指和食指先触水，然后是小臂，最后是大臂自然插入水中，入水后手臂带动肩关节继续向前下方伸15~20厘米。

图3-10

b)抱水

手臂入水后，在积极向前下方插入的过程中，手臂外旋使手掌由斜外下方转向斜内后方并开始屈腕、屈肘，肘高于手，以便能迅速过渡到较好的划水位置。抱水结束时，肘关节屈至150度左右（如图3-11），使整个手臂形成一个弧线为向内划水做准备。

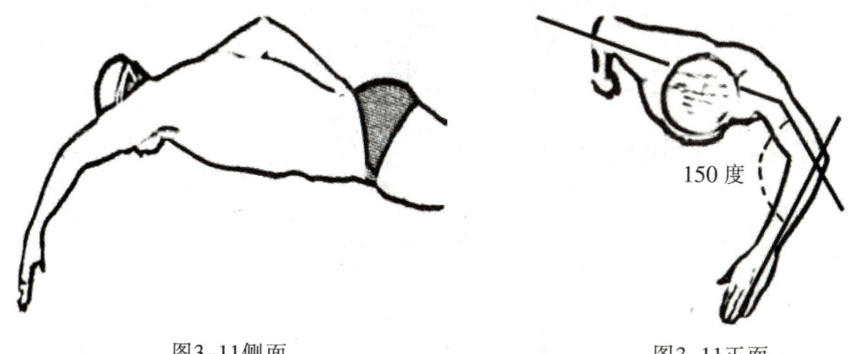

图3-11侧面　　图3-11正面

c）划水

划水是发挥最大推进作用的主要阶段，其动作过程可分为拉水和推水两个部分。紧接抱水阶段进入拉水，这时要保持抬肘，并使大臂内旋。同时继续屈肘，使手的动作迅速赶上身体的前进速度，能使拉水动作形成合理的动作方向及路线，同时，也使主要用力肌肉群在良好的工作条件下进入推水动作，拉水至肩的垂直平面后，即进入推水部分，这时肘关节的屈度约100度左右（如图3-12）。大臂继续保持内旋姿势，带动小臂，用力向后推水。同时，使肩部后移，以加长有效的划水距离。向后推水有一个从屈臂到伸臂的加速过程，手掌从内向上和从下向上的动作路线加速划至大腿旁。整个划水动作，手的轨迹始于肩前，继之到腹下，最后到大腿旁，呈“S”形。

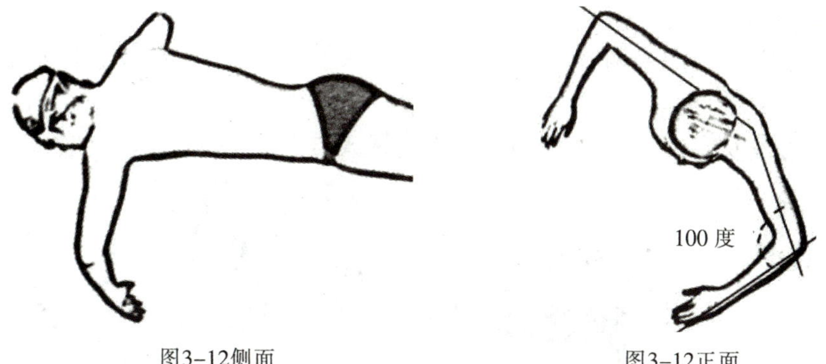

图3-12侧面　　图3-12正面

d）出水

当划水动作结束时，掌心转向大腿，出水时小指向上，手臂放松，微屈肘。由上臂带动肘部向外上方提拉带前臂和手出水面，掌心转向后上方（如图3-13）。出水动作必须迅速而不停顿，同时应该柔和、放松。

图3-13

(2)空中移臂

推水结束后，手掌出水(如图3-13)，手臂自然、放松地经空中向前移臂，保持高肘姿势(如图3-14)。然后手在肩前领先入水(如图3-10)，开始做下一次水下划水动作。

图3-14

(3)两臂配合

根据游进过程中两臂之间相对位置，爬泳手臂配合有三种基本形式：前交叉、中交叉、后交叉。

a)前交叉是指一臂入水时另一臂处在入水后划水的开始阶段(如图3-15)。

图3-15

b)中交叉是指练习者一臂入水时,另一臂已经进入划水阶段的中间阶段(如图3–16)。

图3–16

c)后交叉是指一臂入水时,另一臂已经进入划水阶段的后半阶段(如图3–17)。

图3–17

对游泳初学者来讲,在学习爬泳时先采用两臂前交叉配合方式,因为前交叉能更好地保持身体平衡,容易掌握呼吸技术,也可以节省体力,减少疲劳。

2.练习方法

(1)陆地单臂划水动作模仿练习

练习者两脚前后分开站在池边,上体前倾至水平,两臂向前伸直。在练习划臂动作时建议先单臂练习(如图3–18至图3–23),再过渡到双臂交替练习。

图3–18侧面

图3–18正面

图3-19侧面

图3-19正面

图3-20侧面

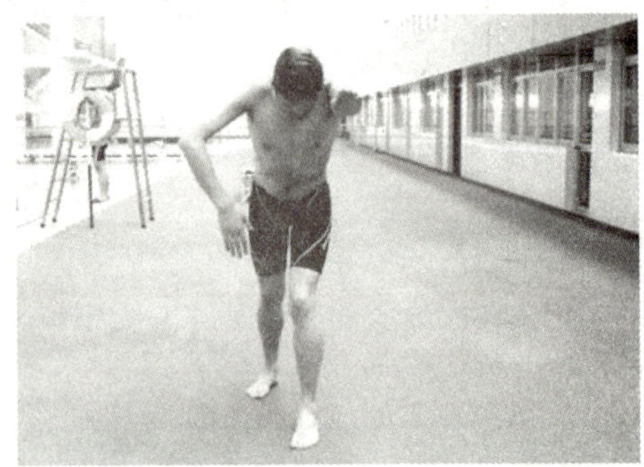
图3-20正面

图3-21侧面

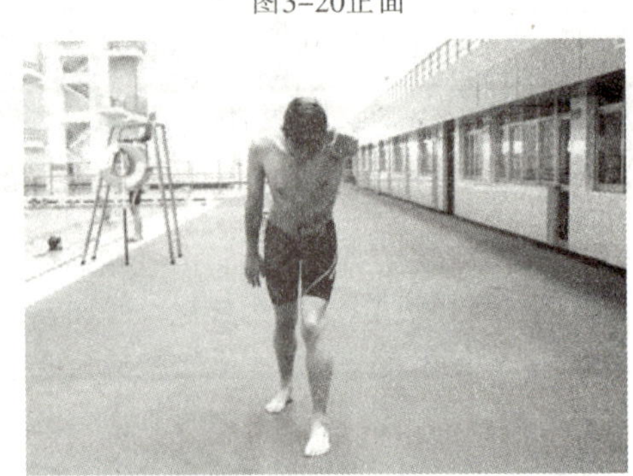
图3-21正面

图3-22侧面

图3-22正面

图3-23侧面

图3-23正面

(2)池中单臂划水动作练习

池中模仿练习可以使练习者明确两臂划水时的运动路线,体会划水时,水对手和手臂的阻力。练习者两脚前后分开站在池中,上体向前倾斜至水平,两臂向前伸直,头部一直露在水面以上(如图3-24至图3-29)。

图3-24

图3-25

图3-26

图3-27

图3-28

图3-29

(3)水中站立划臂和呼吸配合练习

首先,练习者两脚前后分开站在池中,上体向前倾斜至水平,两臂向前伸直,深吸气后将面部浸入水面以下(如图3-30)。

图3-30

然后,随着身体先向左转动,再向右转动,右臂做水下划水动作,并在水下慢慢呼气(如图3-31)。

图3-31

当右臂空中移臂到达最高点时,头向右侧转动,两眼看右臂的肘关节,嘴露出水面开始吸气(如图3-32)。

最后,随着身体再次向左侧转动,右臂继续向前移臂至入水,头部向左下方浸入水中。

图3-32

练习者在做这一练习时，根据自身掌握呼吸和两臂配合情况，建议练习顺序为:先右臂连续划水和呼吸配合练习,再到左臂连续划水和呼吸配合练习,最后再开始两臂交替划水和呼吸配合练习。

(4)扶浮板单臂划水练习

首先,练习者一手握浮板,另一手臂在浮板的下方伸直放松,漂浮在水面上(如图3-33),开始爬泳打腿向前游进。

图3-33

接着,身体向左侧转动,右肩向前伸,右臂向前下滑,身体向右转动开始做水下划水动作(如图3-34、3-35)。

图3-34

图3-35

当右臂划水结束后，身体继续向右转动，开始做空中移臂动作(如图3-36)。

图3-36

最后，在右臂空中移过最高点时，身体开始向左侧转动，右臂准备做入水动作(如图3-37)。

图3-37

以上的图文只是讲述右臂单臂连续划水练习，练习者还要专门进行左臂单臂连续划水练习，左臂划水练习时动作与右臂练习要领相同只是方向相反。

(5)腿夹浮板双臂交替划臂练习

首先，练习者两臂伸直，腿夹浮板漂浮于水面上(如图3-38)。

图3-38

左臂开始划臂动作，右臂伸直在水面上不动（如图3-39、3-40、3-41）

图3-39

图3-40

图3-41

左臂入水后伸直在水面上不动，右臂开始划臂动作（如图3-42、3-43、3-44）。

图3-42

图3-43

图3-44

当右臂入水后，左臂又开始重复做划臂动作(如图3-38)。

练习者首先应当在陆地上模仿单臂划水动作分别做50次左右，掌握了划水时手掌和手臂动作要领后，再进行50次左右的两臂交替划臂动作模仿练习。接着再下水站在池中做单臂动作和双臂划水动作分别做50次左右。然后一手握浮板进行单臂划水动作练习，等到能够向前游进一定的距离时，就可以放下手中的浮板过渡到双臂划水的练习中了。

提高者要经常进行陆地上的拉橡皮筋的专门臂部划水练习，以增加手臂力量和提高手臂的速度耐力。同时还要多做泳池中两腿夹浮板划臂练习，增强划水效果，从而有效提高划水速度。

3.错误及纠正

(1)划水路线短，划水偏外

原因：手臂力量不够；沉肘划水。

纠正：强调手臂力量练习；多做水中原地站立划水的练习，体会屈臂高肘的动作要领；多做夹板划水的练习，强调高肘，体会划水时将身体向前拉引的感觉。

(2)前端直臂下压

原因：直臂入水；入水后前伸抓水不充分，急于划水前进。

纠正：多做水中原地站立划水的动作，强调拇指领先高肘入水；多做夹板单臂划水，强调手臂入水后的前伸抓水动作。

(3)宽平移臂

原因：肩关节灵活性差；身体绕纵轴转动不够。

纠正：加强肩关节柔韧性练习；移臂时肩部放松，保持高肘，适当增大身体转动的幅度；身体侧面靠近池壁游，迫使形成高肘移臂。

(四)完整技术

1.动作要领

(1)在爬泳的过程中任何一个部位的动作都不是单独出现的，都是依靠身体各个部分协调配合完成

当左手划水结束出水时，髋关节向左转动，使躯干大肌肉群的力量和划臂的力量形成合力，并且身体能保持较好的流线型；吸气动作是采用转动头部而不是依靠抬头来完成吸气，这样就能保证髋关节处于一个较高的位置，并且这样可以使得背部肌肉处于放松的状态；左臂肘关节上提向前移臂，这时右臂和双腿处于各自的运作中。当然这种相互协调配合必须要相当娴熟，才能达到最好的完整配合效果。

(2)爬泳完整配合还指在一个重复的周期中划臂、打水和呼吸的次数或节奏

爬泳的完整配合有多种形式，一般常见的是每划水2次、打水6次、呼吸1次。爬

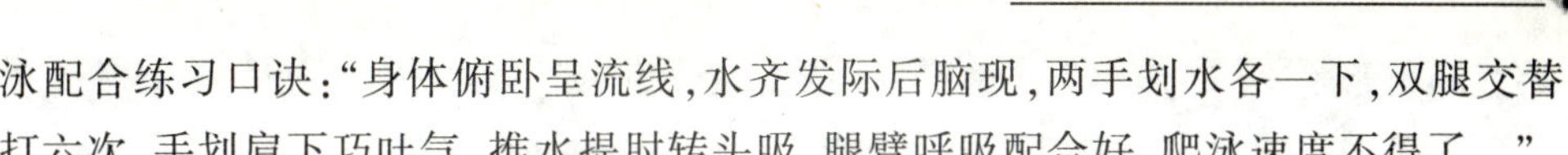

泳配合练习口诀："身体俯卧呈流线，水齐发际后脑现，两手划水各一下，双腿交替打六次，手划肩下巧吐气，推水提肘转头吸，腿臂呼吸配合好，爬泳速度不得了。"

2.练习方法

(1)双臂交替划臂完整配合

爬泳双臂交替划臂完整配合的练习方法和腿夹浮板双臂交替划臂练习基本相同，只是在完整配合练习中，每划臂两次须配合6次打腿。

(2)双臂前交叉完整配合

首先，练习者漂浮在水面上，两臂伸直两腿自然上下打水。

接着，左臂伸直在前面不动，从右臂先开始做划臂(如图3–45)和移臂动作(如图3–46)。

图3–45

图3–46

当右臂空中移臂动作快要结束时，左臂开始做水下划水动作(如图3–47)，右臂入水后在前方伸直停留在水面上。

图3–47

右臂继续保持伸直不动，左臂划水动作结束后开始做空中移臂动作（如图3–48、3–49)。

图3-48

图3-49

最后，在左臂空中移臂动作快要结束时，右臂即开始做划臂动作（如图3-50），并以这样的配合方式进行重复练习。

图3-50

在完整练习过程中，当两臂依次交替划水能够连续游进25米后，再选择以前交叉配合的方式重复进行爬泳完整技术练习。

3.错误及纠正

（1）臂腿配合不协调

原因：只顾着划臂忘了打腿；臂腿动作过于紧张。

纠正：加强打腿练习；强调臂划水时两腿不停顿打水，采用臂入水后前伸稍停打腿游进的练习改进动作；多做放松配合游练习。

（2）抬头吸气

原因：怕呛水、喝水；身体绕纵轴转动不够。

纠正：多练水中站立划臂配合侧转头呼吸的动作；强调身体绕纵轴转动，转头吸气，如做"咬肩"动作。

（3）吸气时间不够

原因：没掌握好水中呼吸的动作要领；吸气时身体下沉。

纠正：加强水中呼吸基本方法的练习；改进两臂的配合，使转头吸气时，另一臂处于前伸抓水阶段。

4.巩固与提高

爬泳是四种泳姿中速度最快、比赛项目最多的。爬泳技术水平的高低可以衡量一个人的游泳整体水准。提高爬泳的游进速度是每个初步掌握了爬泳技术的游泳爱好者的愿望,速度的提高依赖于练习者的技术、技能和体能的提高,速度能力是综合素质的集中表现。游泳的速度取决于运动速度,运动速度包括身体位移速度、动作环节速度和反应速度。力量又是决定速度的基础,推进力的大小又受力量、技术和阻力三方面因素的变化的影响。因此,减小阻力是增大推进力最经济、最有效的途径。

爬泳游进时,身体的姿势、保持躯干的适度紧张、强调头部动作的稳定、移臂的技术的准确性和臂腿动作控制在身体纵向为轴的范围内以及使身体圆滑自然地绕身体纵轴转动是减小运动阻力的关键。"技术效率"是增大推进力的又一措施,划频和划距合理配合,可以使技术实效性提高,从而更好地提高运动效率。

游泳是体能性运动项目,提高专项力量素质是增大推进力的重要前提。我们说:力量大、技术好、阻力小是增大游泳推进力的重要方法。

综上所述,减小阻力和增大推进力,适宜的划频和有效的划距,包括良好的出发和转身,还有系统科学的训练,有效提高速度、速度耐力的练习,结合自己的技术特点掌握规范的爬泳动作技术,是提高爬泳速度的最好方法。

(五)出发

练习者在爬泳出发时一般采用以下几种方式。

1.摆臂式

摆臂式入水的特点是蹬离出发台的力量大,身体腾空滑行的时间和距离较长,但是离开出发台的速度较慢,所以摆臂式入水常在接力比赛中运用。

(1)动作要领

当练习者听到预备口令时,两脚分开与肩同宽,半蹲站立于出发台上,体前屈(弯腰),两臂伸直分别放于身体后下方,两脚脚趾勾住出发台的前缘(如图3-51)。

图3-51

在听到出发信号时，手臂向前摆动，再向后划一个圆圈，手继续向前摆动，同时蹬离出发台。离开出发台后，身体在空中滑行，当躯干达到最高点后，开始弯腰（如图3–52）。

图3–52

接着伸髋、抬腿向上使身体伸直呈直线（如图3–53），准备入水。

图3–53

最后入水时，要求整个身体从头到脚依次从手入水的地方入水（如图3–54）。入水后身体保持流线型滑行。当滑行速度没有游进速度快时，双手上抬通过打腿让身体上浮到水面。

图3–54

(2)练习方法

a)陆地模仿练习

陆地上的模仿练习可以使练习者借助蹬地和向上摆臂形成的合力，良好完成腾空动作。

首先,两脚分开与肩同宽,半蹲站立于池边,体前屈,两臂伸直分别放于身体两侧后下方(如图3–55)。

图3–55

前脚掌蹬地,伸膝向上跳,同时手臂经下向前上方摆动,在空中形成反弓的身体姿势(如图3–56),最后双脚落地站好。

图3–56

b)坐在池边入水练习

坐在池边入水的练习可以循序渐进使练习者克服头向下入水的恐惧心理。

练习者坐在游泳池边，双腿浸入池水中，两臂伸直上举于头的两侧，两手交叉重叠，掌心向前(如图3–57)。

图3–57

身体向前倾斜，两腿伸直，以手指尖领先，进入水中(如图3–58、3–59)。

图3–58

图3–59

c)蹲在池边入水练习

在练习者克服入水时的恐惧心理后，就可以提高出发辅助练习的难度。采用蹲在池边入水练习，可以使练习者体会人在空中时的身体姿态，从而提高练习者控制身体动作的能力，为以后完成出发台上入水打下基础。

图3–60

首先，练习者两脚分开与肩同宽半蹲站立于池边上，两脚的脚趾勾住游泳池的边缘，身体前屈，两臂伸直分别放于身体后下方(如图3–60)。

然后身体慢慢向前倾斜，两脚用力蹬池边，同时伸直膝关节，使身体充分伸直俯卧入水(如图3–61)。

d)池边跳水练习

练习者两脚分开与肩同宽半蹲站立于池边，两脚的脚趾勾住游泳池的边缘，体前屈(弯腰)，两臂伸直分别放于身体后下方(如图3-60)。

用脚掌发力蹬池边、伸膝关节，同时两臂从后下方经前向前上方用力摆动(如图3-62)，直体跳入水中，脚先入水。

图3-61

图3-62

e)出发台上跳水练习

出发台上跳水练习可以帮助练习者掌握借助摆臂充分用力蹬出发台的动作要领。

首先，练习者站在出发台上，两腿分开，两脚脚趾“抓”住出发台的前缘，身体前屈，两臂伸直放于身体两侧后下方(如图3-51)。

伸直膝关节前脚掌用力蹬出发台，同时两臂从后下方经前向上用力摆动，带动身体直体跳入水中，脚先入水(如图3-63)。

图3-63

f)池边出发练习

虽然池边出发练习的动作要领和在出发台上一样，但可以有效降低练习者练习出发时的危险，同时又能节约时间，让练习者很快掌握出发的动作要领。为了更为有效快速地学会出发技术，掌握出发动作要领，在进行池边出发练习出发台上入水练习时，采用和比赛一样的口令形式进行练习。

g)出发台上出发

掌握了前面关于爬泳摆臂式入水的辅助练习后，再到出发台上进行完整的摆臂式出发练习，经过多次练习，掌握摆臂式出发的动作要领，只是时间问题。

2.抓台式出发和蹲踞式出发

抓台式出发和蹲踞式出发动作非常类似，它们的区别在于两脚的站位不一样，抓台式出发两脚采用平行站位，出发时两腿同时发力，腾空的高度较高，在空中滑行的距离较长、速度也较快。而蹲踞式出发像短跑起跑一样采用两脚一前一后的准备姿势，其优点是出发离开出发台的速度较快，且重心较低容易把握身体平衡，不容易犯规。

图3-64

(1)动作要领

首先，练习者在听到“各就位”口令后，采用抓台式出发时两脚的脚趾勾住出发台的前边缘，两脚分开与肩同宽，两手抓住两脚之间的出发台前边缘，弯曲膝关节，目视前下方。而采用蹲踞式出发时则是两脚前后分开站位(如图3-64)。

等出发信号发出后，手臂用力向上拉出发台前边缘，身体向前下方移动，手脱离出发台用力向前摆动，同时蹬离出发台，手臂向前下方伸展，目视前下方（如图3-65）。

图3-65

离开出发台后，身体在空中滑行，当躯干达到最高点后，开始弯腰（如图3-66），接着伸髋腿向上抬高使身体伸直准备入水。

图3-66

最后入水时，要求整个身体从头到脚依次从手入水的地方入水（如图3-67）。

图3-67

(2)练习方法

a)陆地上模仿练习

陆地上模仿练习和摆臂出发陆地模仿练习方法相同，但是抓台出发两臂的位置在两脚之间，蹲踞式出发两脚前后分开两臂位于前面一只脚的两侧(如图3–68)。

图3–68

b)坐在池边、蹲在池边入水练习

练习方法同摆臂式出发辅助练习相同。

c)池边、出发台上跳水练习

练习方法同摆臂式出发辅助练习基本相同，只是池边跳水的准备姿势(如图3–69)和出发台上跳水的准备姿势(如图3–64)不同。

图3–69

d)池边、出发台上出发练习

抓台式和蹲踞式出发在池边、出发台上出发练习和摆臂式池边、出发台上出发练习动作基本相同，只是抓台式和蹲踞式池边出发练习的准备姿势(如图3–70)和出发台上出发练习的准备姿势与摆臂式出发的准备姿势不同。

图3–70

(六)转身

爬泳转身技术日前常见的有摆动式和前滚翻转身两种。

1.摆动式转身

这种转身比前滚翻转身慢,但对练习者来说是比较容易学会的,主要原因是使用摆动式转身的练习者在转身过程中能够自由呼吸,不容易呛水。

(1)动作要领

a)游近池壁

以右手触壁为例,练习者判断好距离,右臂入水后向前伸,左臂做最后一次划水动作,右手手掌在高于身体重心的水面上触壁(如图3–71)。

图3–71

b)转身

随着身体向前游进的惯性，右臂屈肘，身体向左转，并向前屈膝收小腿，使头和肩出水面，两腿向池壁靠近（如图3–72）。

图3–72

右臂用力推池壁，向回转方向甩头摆臂，两腿继续靠近池壁，形成力偶（如图3–73），转动中左臂在水中由下向上拨水，帮助身体迅速沉入水中，右臂从空中回摆切入水中，两脚贴着池壁，身体呈侧卧的蹬壁姿势，转身后两臂伸直，将头夹在两臂之间。

图3–73

c)蹬壁

两脚用力蹬池壁，这时身体在水中呈侧卧姿势（如图3–74）。

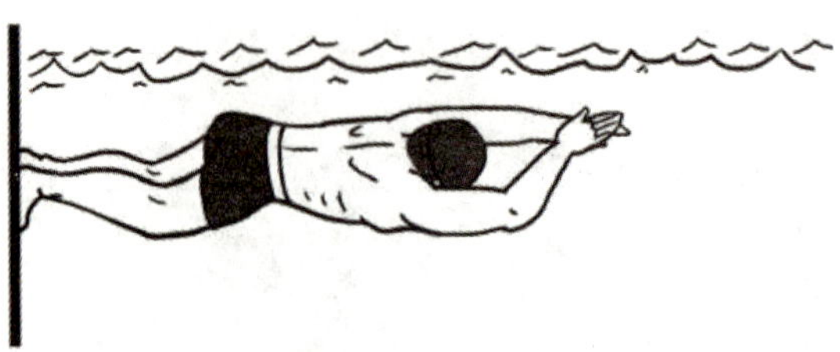

图3–74

d)滑行与起游

蹬壁后，身体呈流线型在水中滑行过程中转成俯卧姿势(如图3-75)，当感觉到滑行速度下降时，开始打腿、划水升到水面。

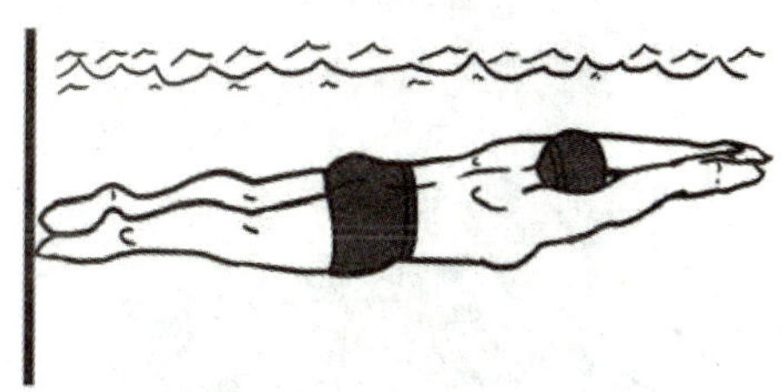

图3-75

(2)练习方法

a)陆地上模仿练习

首先，练习者两脚前后站立于墙壁前，身体向前屈与地面平行，右手水平扶在墙壁上(如图3-76)。

接着，右手轻推墙壁，使身体经左向后转动到背对墙壁，同时右腿屈膝全脚掌蹬在墙壁上(如图3-77)。

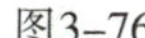

图3-76

图3-77

最后，右手推离墙壁向前摆至左手处重叠呈两臂伸直，右脚轻蹬墙壁(如图3-78)。

图3-78

b)两脚触壁

练习者身体右侧对着池壁站立在池中，右手推池壁，向回转方向甩头摆臂，两腿靠近池壁，转动中左臂在水中由下向上拨水，帮助身体迅速沉入水中，两脚贴着池壁，右臂从空中回摆切入水中，向左臂靠拢伸直，身体转成侧卧的蹬壁姿势（如图3-79）。

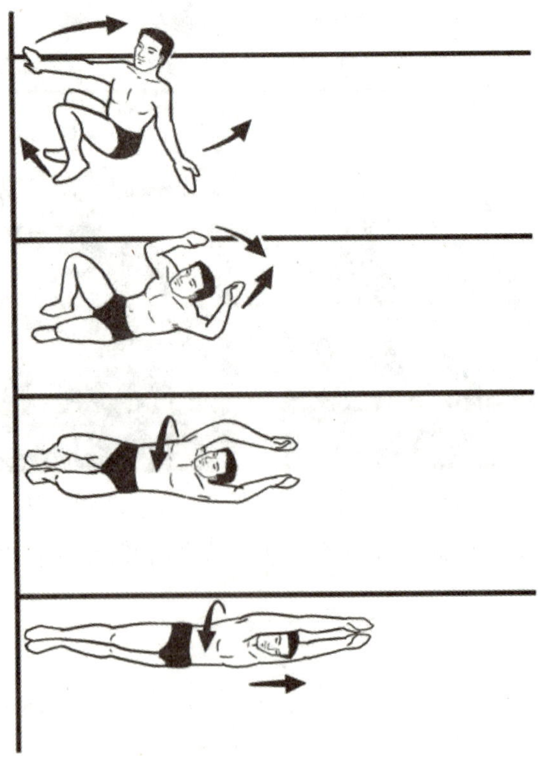

图3-79

c)池边蹬壁滑行练习

练习者背对池边，右手从后抓住池边，左手伸直放于水面上，身体前倾使躯干与水面平行，屈膝，两脚蹬在位于臀部后方的池壁上(如图3-80)。

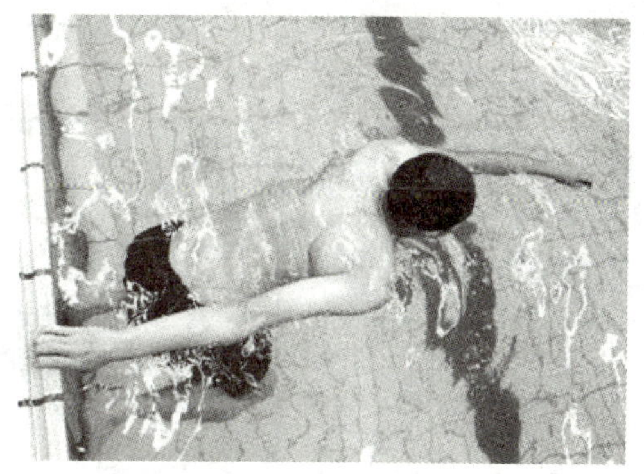

图3-80

吸好气后，右臂从空中向前切入水中，向左臂靠拢伸直，同时头部也浸入水中(如图3-81)。

图3-81

然后伸直膝关节，两脚轻蹬池壁使身体伸直向前滑行(如图3-82)。

图3-82

d)完整配合

练习者在掌握前面讲的专门练习后，将游进池壁、转身两脚触壁、两脚蹬壁滑行和起游结合起来进行重复练习（如图3–83），很快就能完全掌握爬泳摆动式转身动作。

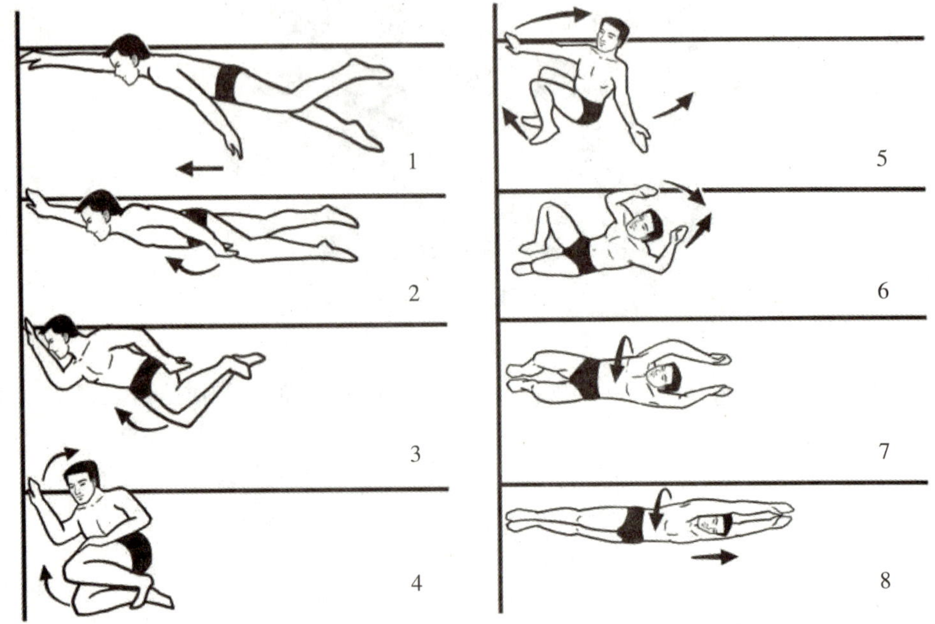

图3–83

2.前滚翻转身

前滚翻转身技术是不用手触而是用脚触池壁的转身技术，它有着转身速度快、双脚蹬壁充分的优点。优秀运动员一般都采用这种转身方式。

(1)动作要领

a)游近池壁

当练习者游近到头离池壁1.5米~2米时（以游速的快慢和身材的高矮而定），以强有力的最后一次划水动作，为转身做好准备（如图3–84）。

图3–84

b)转身

利用划臂所获得的速度，两臂停在体侧，低头，压肩，并腿打水，掌心转成朝下(如图3-85)，随着头继续向下，两手向下方拨水，提臀、收腹、屈髋形成力偶，使身体向前滚翻，当臀部越过头部时，左手向头部方向拨水(如图3-86)。

图3-85

图3-86

同时腿屈膝加速翻转(如图3-87)，使两脚甩向池壁，身体呈仰卧姿势(如3-88)，完成了转身。在滚翻过程中，应保持微呼气，以避免鼻腔呛水。

图3-87

图3-88

c)蹬壁滑行与起游

转身完成后的蹬壁滑行与起游的技术动作和摆动式转身技术基本相同，不同的是练习者在做蹬壁滑行前的身体是呈仰卧姿势。

(2)练习方法

a)水中前滚翻练习

站立水中前滚翻练习是学习爬泳前滚翻转身技术的第一步。在水中做前滚翻动作时要慢吐气，防止水进入鼻腔而呛水(如图3-89至3-91)。

图3-89

图3-90

图3-91

b)游进过程中前滚翻练习

练习者进行游进过程中前滚翻重复练习,可以有效提高前滚翻转身的速度。

c)前滚翻双脚触壁练习

这个练习可以强化练习者游近池壁过程中对吸气技术的控制，通过重复练习掌握双脚准确触壁的技术。

d)流线型蹬离池壁

这个练习可以强化正确的流线型身体姿势,控制身体滑行深度,并达到足够的远度和速度。

e)完整配合

规则并没有要求运动员蹬离池壁时必须呈俯卧姿势。如果在蹬离时身体转成俯卧,将用去很多时间,所以优秀运动员在转身后蹬壁时仍呈仰卧姿势,脚离开池壁后开始逐渐地、流畅地转动呈俯卧姿势。

四、蛙泳

蛙泳是因为模仿青蛙在水中的动作而得名，在民间流传已久。蛙泳腿部动作是产生向前推进力的主要来源。随着蛙泳运动技术的发展，手与腿的作用也在不断变化。在过去主要是通过加大大腿的工作距离来获得前进动力，现代蛙泳腿部动作在不影响推进力的前提下缩小腿的动作幅度，充分增强小腿的作用。这一技术变化，减少了腿部的阻力，提高了腿部动作的频率。同时，现代蛙泳手臂的作用正在加强，目前世界上许多优秀运动员采用高肘划水技术，明显提高了臂部划水效果。这种技术是在两臂向后划水时肘关节保持较高的位置，使小臂与大臂之间构成理想角度，增加小臂对水的截面，从而获得更好的划水效果。

(一)身体姿势

蛙泳时身体姿势是不固定的，它随着手臂、腿部、呼吸动作变化而不断发生变化。目前多数运动员采用身体呈波浪状上下起伏的身体姿势，当手臂向内划水时肩随着升高，下颌微收，嘴露出水面，目视下方(如图4-1)。在划水结束时，收手、含胸拱背，利用蹬腿产生向前的推进力，头和肩平滑地"扎"入水中顺势做下坡游，每个动作周期结束时进入到高速的滑行中(如图4-2)。又因为蛙泳时收手和收腿动作方向是向前的，会给身体带来阻力，这也是蛙泳没有其他泳姿速度快的主要原因之一。为了减小向前的阻力，应当在游进过程中注意收颌、耸肩、伸展四肢保持良好的流线型。

图4-1

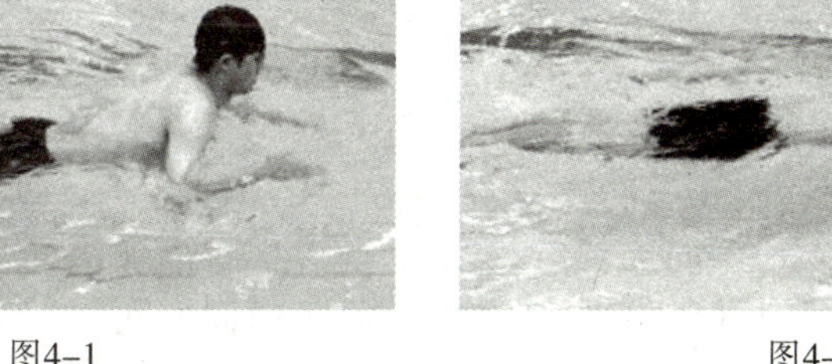

图4-2

(二)腿部技术

蛙泳腿部技术是游泳运动中重要的组成部分，腿部技术动作是否科学合理决定其游进时的速度。蛙泳腿部动作主要包括收腿、翻脚、蹬并腿、滑行四个部分，其动作要领如图4–3。

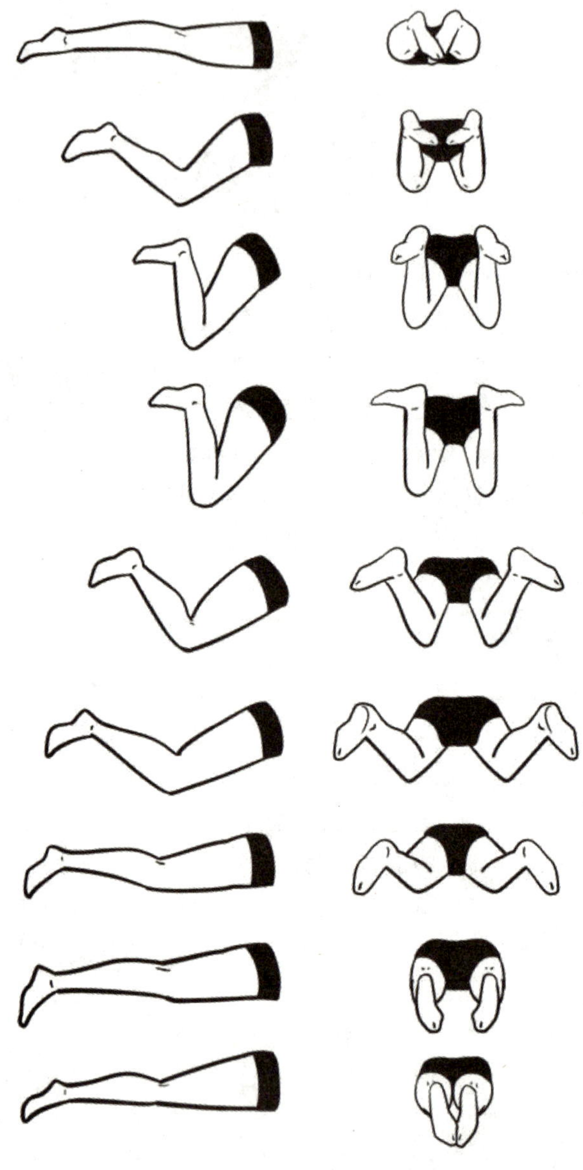

图4–3

1.动作要领

(1)收腿

开始收腿时，两腿自然放松，屈膝向前收小腿同时两膝逐渐分开(如图4–4)，脚跟向臀部靠拢,做收腿动作的同时做分腿动作。为了减少收腿时产生的阻力,收腿时用力不宜过大,要让两脚和小腿回收时“藏”在大腿后面(如图4-5)。收腿结束后,大腿与躯干约成120~140度角,两膝内侧大约与髋关节同宽(如图4-6)。大腿与小腿之间的角度约为40~45度角,并使小腿尽量呈垂直姿势,这样能充分为翻脚、蹬水做好准备。

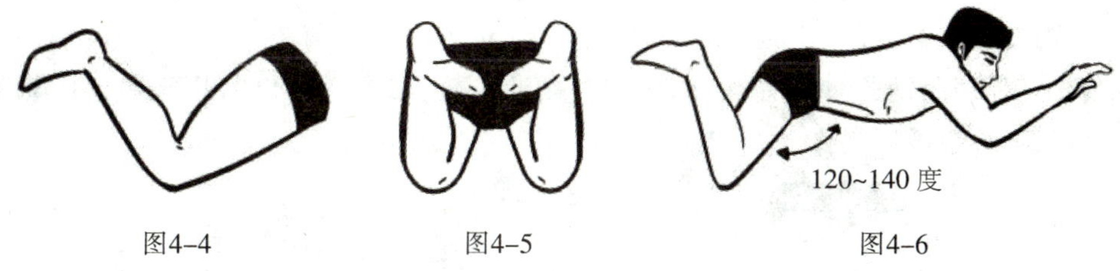

图4-4　　图4-5　　图4-6

(2)翻脚

在蛙泳腿部的技术动作中,翻脚动作直接影响到蹬水的效果。收腿动作即将结束时,脚仍向臀部靠近,两脚向外侧翻开,加大对水面积,使脚内侧和小腿内侧对准蹬水方向(如图4-7)。

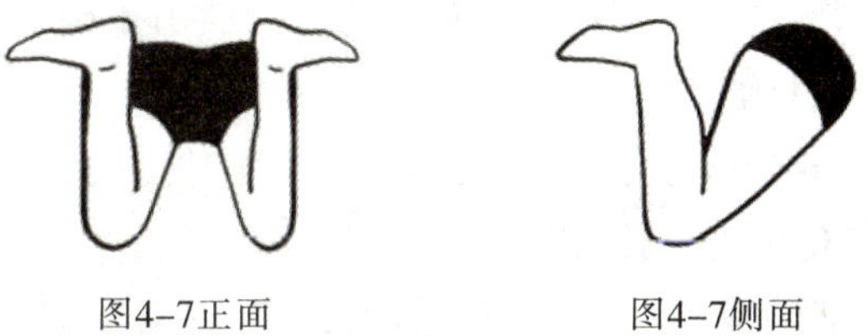

图4-7正面　　图4-7侧面

在这里练习者要注意,收腿与翻脚、蹬水是一个连续的完整动作过程。中间不能有停顿,如果有停顿,破坏动作的连续性,就会增加阻力使身体下沉。正确的翻脚动作是在收腿未结束前就已开始,在蹬水开始时完成。

(3)蹬夹水

蹬夹水的动作实际是一个连续的完整动作,只是蹬水在先,夹水在后。蹬水时先伸髋关节带动大腿发力,小腿内旋位于大腿两侧,随着伸膝关节动作的开始,小腿和脚向两侧做弧线蹬水动作(如图4-8)。当膝关节快要伸直时,两腿在一边做向后蹬水动作,同时做向中间用力并拢夹水动作(如图4-9),夹水动作快要结束时两脚从勾到绷直向上做拨水动作。在两腿快要并拢时,开始上摆两腿接近水面。

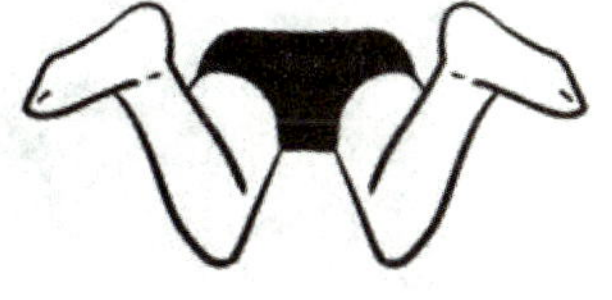

图4-8正面

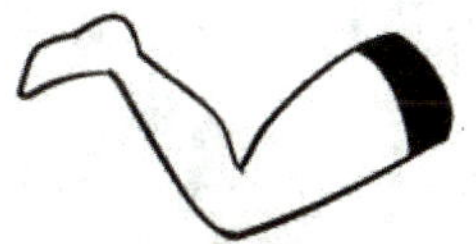

图4-8侧面

图4-9正面

图4-9侧面

(4)滑行

蹬夹水结束后,身体随着蹬夹水动作产生的推进力向前快速滑行,在滑行过程中要下沉腰部,两腿伸直并拢,脚背绷直接近水面(如图4-10),在滑行速度下降后准备做下一个循环动作。

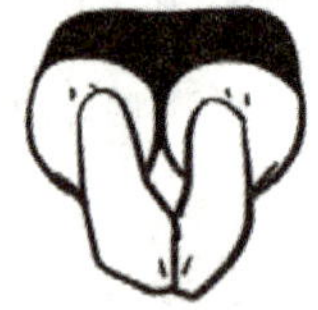
图4-10正面

图4-10侧面

2.练习方法

因练习者在水中,受到水环境的影响不能准确做出正确的蛙泳腿部动作,所以建议练习者先在陆地上做蛙泳腿部动作的模仿练习。在陆地上能够很好掌握蛙泳腿部动作后,再下水进行练习,这样就可以达到事半功倍的效果。

(1)陆上仰坐模仿腿部动作练习

仰坐地上做腿部练习,可以清楚看到自己腿部的动作,对于游泳练习者来说,这是非常重要的蛙泳腿部动作的辅助练习,它可以使练习者掌握腿部动作要领,为成功下水做腿部分动作练习打下基础。

首先,练习者两手臂身后支撑,仰坐在地上,两腿并拢伸直,身体尽量后仰。

接着,膝关节弯曲,两脚向臀部靠拢,做收腿动作(如图4-11)。

图4-11侧面

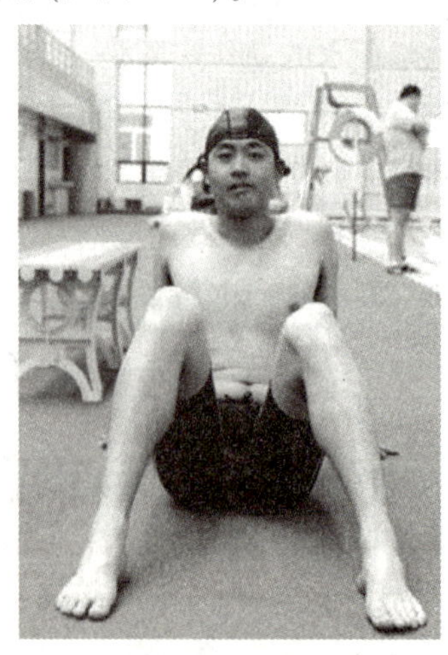
图4-11正面

然后，在收好腿的基础上，两脚向两侧分开并弯曲踝关节，使脚掌垂直于地面，这时两膝之间分开的距离为两拳左右(如图4-12)。

图4-12侧面

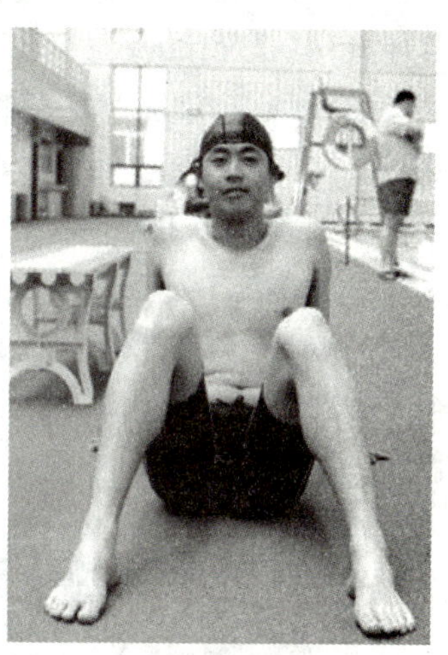

图4-12正面

接着，在翻脚动作做好的基础上，两腿用力蹬腿的同时两腿要用力向中间夹腿(如图4-13)。

图4-13

最后，在蹬夹腿动作结束后，两腿并拢伸直，同时为了减少滑行的阻力，踝关节也要稍用力伸直不要勾脚尖(如图4-14)。

图4-14

以上练习要求在做收腿动作时要放松，速度要慢；在做翻脚动作时不要停顿，一定要勾脚尖，蹬并腿时要用力，注意边蹬边并腿；在做滑行时要放松，绷脚背（脚背要伸直）。通过100次左右陆上仰坐模仿蛙泳腿部练习后，基本能够感觉到腿部分动作的线路，建议练习者不要急于下水进行练习，还需要进行俯卧模仿腿部动作练习。

(2)陆上俯卧模仿腿部动作练习

练习者在基本掌握腿部动作要领后，非常有必要在陆地上俯卧做腿部技术练习。因为这一练习是模仿水中的身体姿势在进行腿部动作练习，这样练习者只有完全掌握腿部动作要领后，才能在进入游泳池中时可能做出正确的蛙泳腿部技术动作。

首先，练习者身体俯卧于地上，两腿、两臂并拢伸直贴在地上。

然后，两腿并拢，小腿慢慢向臀部靠拢（如图4–15）。

图4–15

接着，两脚向两侧分开并弯曲踝关节，使脚掌垂直于地面（如图4–16）。

图4–16侧面

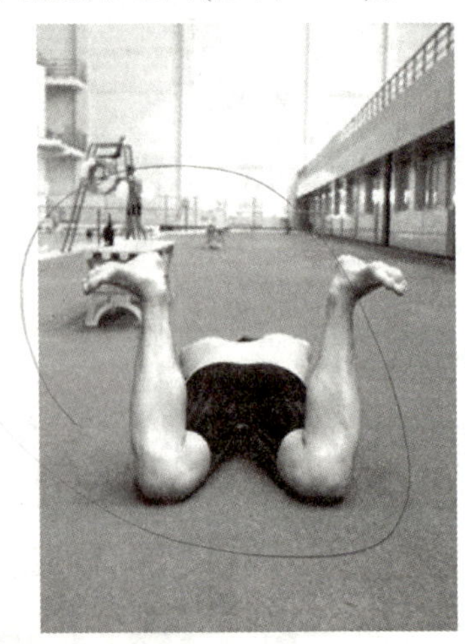

图4–16正面

然后，两腿向后用力伸蹬腿的同时两腿要用力向中间夹腿（如图4-17、图4-18）。

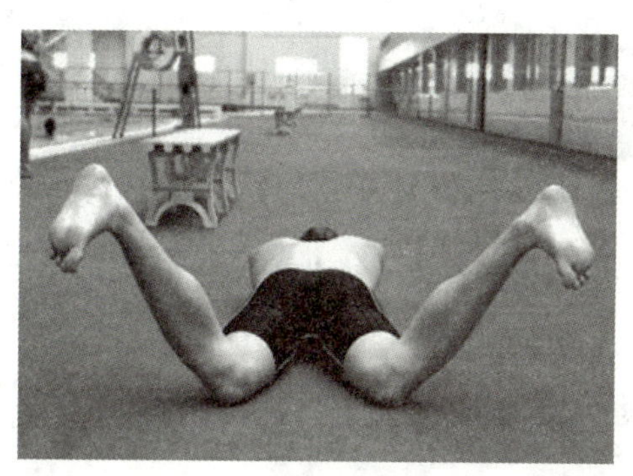

图4-17

图4-18

最后，两腿并拢伸直（如图4-19）。

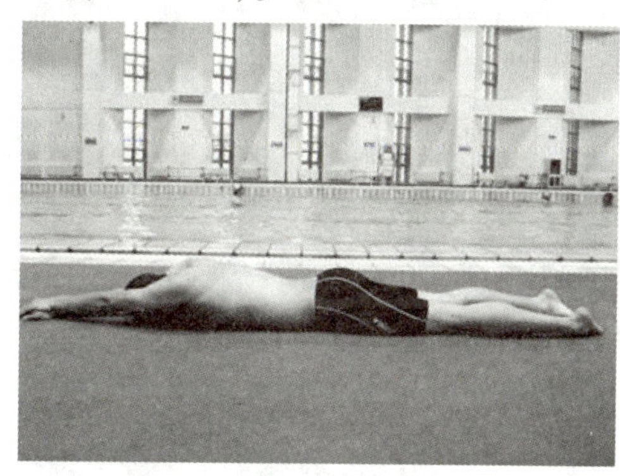

图4-19

连续完成收腿、翻脚、蹬并腿、滑行动作为一次蛙泳腿部动作模仿练习，通过100次左右蛙泳腿部动作陆上认真练习后，练习者基本能掌握蛙泳腿部动作。

（3）水中扶浮板腿部动作练习

通过手拿浮板做蛙泳腿部动作练习，练习者可以借助腿部动作产生的推进力向前游进，游进的速度取决于练习者完成蛙泳腿部动作的质量。

首先，练习者手拿浮板，直体漂浮于水面上，在水下慢慢吐气（如图4-20）。

图4–20

然后，抬头吐尽最后一点气，再快速吸气，同时慢慢做收腿动作(如图4–21)。

图4–21

接着，在收腿动作快要结束时，两脚向两侧分开并弯曲踝关节，使脚掌对准水(如图4–22)。

图4–22

在翻脚动作做好后，先低头憋气，然后两腿向后用力蹬腿的同时两腿要用力向中间夹腿(如图4–23)。

图4–23

最后，蹬夹腿动作结束后，两腿并拢伸直，漂浮在水面上，低头在水中慢吐气，准备重复下一次动作（如图4–24）。

图4–24

在做以上练习时，练习者也可以先将头部一直露在水面上，这样可以更快掌握蛙泳腿部技术动作，当明显感觉能够借助蛙泳腿部动作向前游进时，就要配合呼吸进行练习。

3.错误及纠正

（1）蹬腿时有水花

错误：蹬腿时没有翻脚掌，脚背有打压水的动作，这样的蹬水没有效果。

纠正：增加陆上模仿练习，加强踝关节柔韧性练习。

（2）身体下沉，没有速度

错误：收腿和蹬腿时脚的位置太低，收腿动作没有做到位，使身体重心后移。

纠正：身体在水面保持平衡，腰部适度紧张，大腿前收要适宜，不能过度靠近腹部，蹬腿时向身体两侧下方而不是只向身体后方。

（3）收腿动作很快，但是效果却不好

错误：收腿动作过快，产生了很大的阻力，而且动作过快没有将动作做到位。

纠正：蛙泳强调的是慢收腿、快蹬腿，所以蹬腿时需要快速用力，而收腿时需要慢慢将动作做到位。

(4)做腿部动作时,会翘屁股

错误:收腿时,大腿与上半身角度太小,大腿前收太多,所以屁股会露出水面。

纠正:正确的姿势是大腿与躯干之间约成130~140度角,大腿与小腿之间约成40~45度角。如果不能把握这个角度,那么需要注意收腿后,蹬腿时以大腿、小腿和脚掌内侧向后蹬水,腰保持适度的紧张,但不是僵硬。

(三)腿部和呼吸配合

腿部动作和呼吸配合技术掌握后,就可以在不用手的情况下进行长距离游泳了,所以这一技术是一个过渡技术,通过这一技术的学习,可以将初学者的游泳水平明显提高。

1.动作要领

(1)首先,练习者直体滑行在水面上,低头在水中慢吐气。在水中吐气有利于缩短在水面上的吸气时间。其次,要保持一定的滑行时间。这是因为蛙泳腿部动作的四个分解动作中,只有在直体滑行时人体的阻力最小。如果蛙泳练习者腿部动作掌握得不好,而滑行动作的时间又太短,那就可能会沉入水中,导致练习者无法将头露出水面做下一吐吸气动作。

(2)练习者在慢慢做收腿动作时,抬头先吐气后吸气,同时要求收腿和翻脚动作之间不能有停顿,在换气时,头的位置相对最高,脚后跟次之,腰的位置最低。

(3)在练习蛙泳腿部动作时一定不要盲目追求换气的次数和游进的距离。蛙泳是以一次腿部动作和一次呼吸动作为单元所构成的,如果一个单元都做不好,那我们换气次数再多,游进的距离再远,对提高游泳技能都是没有帮助的。相反,我们练习时,可以用一定的距离使用最少的换气次数的方法来提高蛙泳腿部效果。

2.练习方法

对于初学者来说,因为在水中不能很好运用蛙泳腿部技术动作,所以向前游进的距离不会太远。建议先进行两次蛙泳腿部动作配合一次呼吸练习。

(1)手扶浮板两次腿一次呼吸配合练习

首先,练习者手扶浮板直体在水中滑行,低头在水中慢吐气(如图4-25)。

图4-25

然后，开始做第一次收腿、翻脚和蹬水动作，头部一直浸没在水中，用嘴慢吐气（如图4-26、4-27）。

图4-26

图4-27

当做第二次收腿时，轻压浮板抬头先吐气后吸气，在做好收腿动作的情况下不要停顿，继续做翻脚动作（如图4-28）。

图4-28

最后，吸好气后，先低头，再做蹬夹腿动作，保持直体滑行（如图4-25）。

以这样的呼吸和腿部的配合方式，重复向前游进，可以更加有效地掌握蛙泳腿部技术动作要领和提高蛙泳腿部动作的蹬水效果。如果能连续游进50米的距离，就可以过渡到一次腿一次呼吸的练习中。

（2）手扶浮板一次腿一次呼吸动作配合练习

手扶浮板一次腿一次呼吸动作配合练习和手扶浮板两次腿一次呼吸配合基本相同。

（3）徒手一次腿一次呼吸动作配合练习

徒手一次腿一次呼吸动作配合练习和手扶浮板一次腿基本相同，只是去掉了浮板，增加了练习者的难度为学习

通过重复练习，练习者换气的次数和游进的距离会逐渐手臂的情况下能连续游进50米左右就表明练习者已基本掌握技术，可以开始学习手臂技术动作了。

(四)划臂技术

合理的蛙泳手臂划水技术可以产生很大的推动力，同时使其与腿和呼吸动作协调配合，提高游进速度。蛙泳手臂划水技术的主要动作可分为开始姿势、下滑抱水、划水、收手和向前伸臂几个阶段。

开始姿势：入水动作结束后，进入到高速滑行阶段，两臂保持一定的紧张，自然向前拉肩伸直，身体呈一条直线并与水面平行，保持良好的流线型。

下滑抓水：抓水动作一方面能给划水创造有利条件，另一方面还能造成身体上浮和前进的作用。抓水的速度，根据个人的水平不同而不同，水平较高者抓水较快，反之则慢。开始姿势起，手臂先前伸，并使重心向前，同时肩关节略内旋，两手掌心略转向外斜下方，并稍屈手腕，两手分开向侧斜下方压水，当手掌和前臂感到有压力时，就开始划水。

划水：两手做好抓水动作、两臂分开大约40~45度角时，手腕开始逐渐弯曲，这时两臂、两手逐渐积极向侧、下、后方做屈臂划水动作。划水时，手的运动应该分为两个部分，前一部分：手向外—向下—向后运动，水流从大拇指流向小拇指一边；后一部分：手向内—向下—向后运动，水流从小拇指流向大拇指一边。在划水中，前臂和上臂弯曲的角度在不断变化，其标准是以能发挥出最好的力量为准则。在整个划水过程中肘关节的位置都比手高。手运动的路线，不应到肩的下后方，而应在肩的前下方。其速度是从慢到快，至收手时应达到最快速度。

收手：收手是划水阶段的继续。收手时，收的运动方向为向内—向上—向前。由于前臂外旋，掌心逐渐转向内。收手动作应有利于做快速向前的伸手动作，并且两肘要有主动向内夹的动作。当手收至头前下方时，两手掌心由后转向内—向上的姿势，这时大臂不应超过两肩的横向延长线。在整个收手动作过程中，手的动作应积极、快速、圆滑，收手结束时，肘关节应低于手，大小臂的角度应小于90度角。

向前伸臂：向前伸臂是由伸直肘关节、肩关节来完成的，掌心由开始的向上逐渐转向内，双掌合在一起向前伸出，在最后结束前逐渐转向下方。蛙泳整个臂部的动作路线无论是俯视或仰视都是椭圆形的，并且是一个连贯、力量从小到大、速度从慢到快的完整过程。

1.动作要领

为了便于初学者掌握，我们按划臂的阶段分为三部分来讲解。

(1)向外划水

向外划水动作开始于两臂伸直、两掌心相对并拢的动作，划臂开始时，肩臂分伸展保持流线型。两臂先向外旋转，同时向外侧下方对称划水，当两手之间离超过肩宽时，屈肘且小臂内旋掌心向后划水至肩关节下方时，这一阶段就

。

(2)抱水

向外划水动作结束后，小臂继续内旋，使掌心相对，两小臂向身体中心线划水至手、小臂并拢。

(3)伸臂

伸肘关节，伸臂，使手臂伸直、两掌心相对并拢，平行于水平面。

2.练习方法

(1)陆上手臂模仿练习

首先，练习者两脚前后开立，身体前倾接近水平，两手掌心向下，两臂并拢伸直(如图4-29)。

图4-29

然后，两臂向前下方伸，掌心对着外侧下方(如图4-30)。

图4-30

继续向下划臂，并抬头吐吸气，当两臂弯曲划至身体的垂直面时停止(如图4-31)。

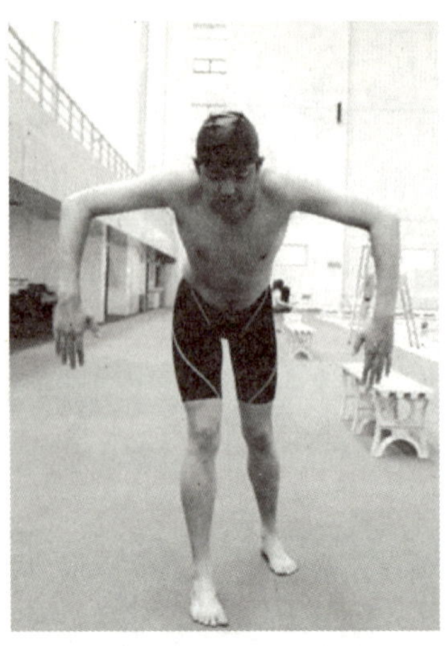

图4-31

划水动作结束后，两手掌心相对、靠拢，两肘也在胸前向中间靠近（如图4-32）。

图4-32

最后，两臂向前伸直，掌心向下（如图4-29）。

(2)池边模仿手臂动作练习

池边蛙泳手臂模仿练习，主要是为了让练习者体会划水结束时的高肘动作和划水结束时大臂、小臂的相对位置，有效避免练习者在水中手臂划水距离过长这一常见错误。

首先，练习者身体俯卧在池边，肩的位置和池边在同一垂直面上（如图4-33）。

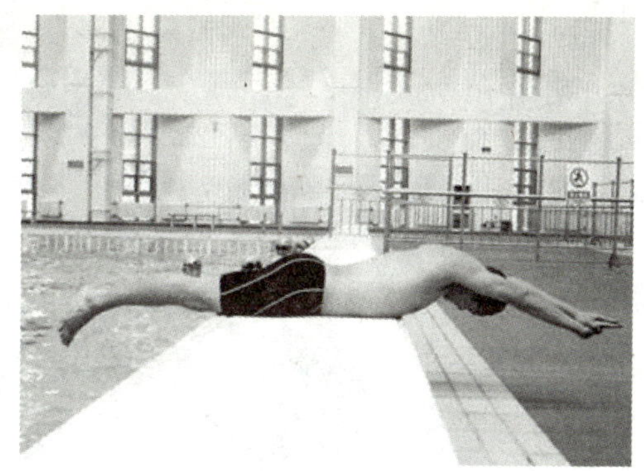

图4–33

然后，两臂做划水动作时，抬头吐吸气。这时大臂和前臂保持90度的夹角，前臂则垂直贴在池边(如图4–34)。

图4–34

接着，开始做收手动作(如图4–35)。

图4–35

最后，低头慢吐气，两臂向前伸直，掌心向下(如图4–33)。

(3)水中站立模仿手臂动作练习

练习者水中站立模仿蛙泳手臂练习，可以巩固蛙泳手臂的动作，同时可以提高手臂在水中的划水效果。

首先，练习者两脚前后开立站于池中，身体前倾水平浸入水中，将头部露在水面上，两臂向前伸直水平浮在水中(如图4–36)。

图4–36

然后，抬头向下划臂，当前臂弯曲划至与水面垂直时停止，这时前臂和大臂形成90度的夹角(如图4–37)。

图4–37

当划臂结束时，两臂向中间靠拢，两掌心相对(如图4–38)。

图4–38

最后,低头,两臂向前伸直,掌心向下(如图4-36)。

(4)水中站立手臂和呼吸配合练习

练习者水中站立进行手臂和呼吸配合模仿练习，在提高蛙泳手臂划水效果的同时,使练习者能够更快掌握蛙泳手臂和呼吸配合技术。

首先,练习者两脚前后开立站于池中,身体前倾水平浸入水中,将头部浸入水中,两臂向前伸直水平浮在水中(如图4-39)。

图4-39

然后,两臂向前下方划臂(如图4-40),抬头吐吸气,当前臂弯曲划至与水面垂直时停止,这时前臂和大臂形成90度的夹角(如图4-41)。

图4-40

图4-41

当划臂结束时,两臂向中间靠拢,两掌心相对(如图4-42)。

图4-42

最后，低头，两臂向前伸直，掌心相向重叠，掌心向下（如图4-39）。

蛙泳手臂动作相对于蛙泳腿部动作而言比较简单，陆地上的模仿练习不需要花太多时间，但蛙泳的呼吸是重点，所以在水中手臂和呼吸配合练习要重复多次，直到熟练掌握后，就可以开始蛙泳完整练习。

3.错误与纠正

(1)抓水时手臂只有向两侧动作没有向下用力

原因：概念不清，虽然有抓水动作，但侧向动作的推进力不大，影响有效阶段划水。

纠正：屈腕抓水，要求抓水动作除向侧还要向后向下，在浅水中做臂的练习，在游进中注意臂的动作。

(2)手的位置在抓水时过高

原因：产生很多泡沫和阻力影响动作和速度，消耗体力。

纠正：抓水开始时，要求手放在水下约7.5厘米处。

(3)手指分开(这种错误及纠正是在整个动力阶段)

原因：抓水和划水阶段手指分开，影响划水效果。

纠正：在浅水中练习，注意手指并拢，做完整的配合练习，注意动作效果。

(4)手朝两侧与水面平行

原因：拉水结束时阻力加大，身体与头部不能抬起呼吸，拉水动作向后的力量不够，影响动作效果。

纠正：在浅水中练习，注意两手朝下向两侧和低处的拉水动作练习，完整练习中注意拉水动作。

(5)肘部位置低

原因：拉水效果不好；由于“滑肘”致使力量损失。

纠正：拉水时尽量手臂伸直、高肘、屈腕；强调高肘划水。

(6)拉水动作不对称

原因：由于初学者呼吸技术差、对水恐惧，在游进时躯干容易向左或者向右倾斜，导致腿部或手部动作轨迹不对称，有犯规的可能。

纠正：浅水中练习，并加以呼吸；完整练习，注意呼吸、滑行；练习中保持肩与前额平行和拉水对称。

(五)完整技术

1.动作要领

蛙泳完整技术是在前面讲过的分解技术的基础上的配合技术，在配合上还要注意做到以下几点。

(1)手臂滑下(抓水)的同时，开始逐渐抬头，这时腿保持自然放松、伸直的姿势

(如图4–43)。

图4–43

(2)在收手时同时收腿,并稍向前挺髋,当后仰头至嘴出水面后,开始快速、有力地吐吸气(如图4–44)。

图4–44

(3)伸手臂的同时低头,用鼻或口鼻进行呼气,并且在手臂伸至将近二分之一处时,进行蹬夹水的动作(如图4–45)。

图4–45

(4)让身体伸展滑行一段距离,速度降低时进行第二个周期的动作(如图4–46)。

图4–46

2.练习方法

在进行蛙泳完整练习时，还是要结合腿部动作的练习方法，先进行两次腿部动作的配合练习，再到一次腿部动作的完整配合练习。

(1)陆地一臂一气两次腿部动作配合

首先，练习者两臂上举，两手相向重叠，掌心向前，两腿并拢直体站立(如图4–47)。

接着，两臂不动慢做收、翻脚动作(如图4–48)。

在翻好腿后，加速做蹬夹腿动作，形成直体站立姿势(如图4–47)，两臂保持不动，再做一次腿部动作。

然后，再开始做两臂划水(如图4–49)。

在收手的同时收腿，接着做翻脚动作(如图4–50)。

最后，先伸手(如图4–51)，后蹬夹腿呈直体站立(如图4–47)。

图4–47

图4–48

图4-49

图4-50

图4-51

(2)水中“一臂一气两腿”配合练习

首先,练习者两腿、两臂伸直漂浮在水面上。

接着,在不做划水、换气动作的情况下,先做一次腿部动作(如图4-52),然后保持滑行(如图4-53)。

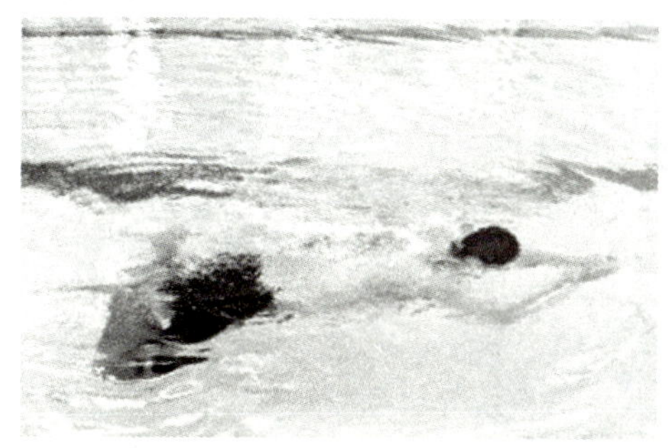
图4-52

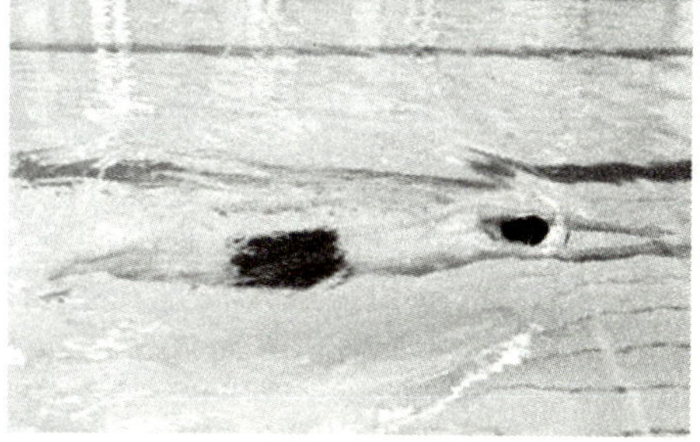
图4-53

等到滑行速度降低时，开始做手臂划水动作（如图4-54）和抬头、收手、收腿动作，并做吐吸气的动作（如图4-55）。

图4-54

图4-55

最后，在翻脚动作结束以后，先做低头、伸手动作（如图4-56），接着开始做蹬夹腿滑行动作（如图4-56）。

图4-56

(3)陆地“一臂一气一腿”配合

首先，练习者直体站立，两臂伸直上举，两掌心向前重叠（如图4-47）。

然后，开始划臂动作，同时抬头换气，腿不动（如图4-57）。

图4-57

划臂动作结束时，开始做收手的动作，同时做收腿动作（如图4–58）。

图4–58

收手动作结束时，先做低头动作同时做伸臂动作，再做分腿、蹬夹腿的动作（如图4–59）。

图4–59

最后，做直体动作，准备重复做下一个动作周期（如图4–47）。

(4)水中“一臂一气一腿”配合

首先，练习者两腿、两臂伸直漂浮在水面上。

滑行速度降低时，开始做手臂划水动作（如图4–60）。

图4-60

划臂动作结束后,开始做抬头吐吸气、收手和收腿动作(如图4-61)。

图4-61

翻脚动作结束以后,先做低头、伸手动作(如图4-62)。

图4-62

最后做蹬夹腿滑行动作。

3.巩固与提高

蛙泳是四种泳姿里游进速度最慢的一种，这是因为蛙泳时的手臂前伸动作和收腿动作都在水下进行,伸臂和收腿不但不会产生推进力,而且还会产生阻力。而蛙泳的划臂距离较短,作用于水的距离短,产生的推进力小。如果想要提高蛙泳速度，练习者应从三个方面着手：一是减小前进阻力，二是提高推进效率，三是掌握臂腿配合时机。

(1)减小前进阻力

采用正确的身体姿势，就是尽量减小前进方向的身体投影面积。具体做法是：

a)划臂时把上身拉高，使阻力面最大的肩部出水。此时要塌腰(挺腹)，即利用腰部力量把上身拉起，以防止腿立起来加大阻力面。

b)如果身体拉得够高的话，手从水面上快速前伸，能有效地减小因伸臂造成的阻力，并且体位较高时，势能最大，即我们俗称的“前冲力”也就大。

c)头部上升到最高点时，要主动低头、耸肩、弓背“钻”入水中，不能用脸、胸部“砸”入水中，迅速前伸臂，让头、胸藏在两臂之间，两臂呈船头状，减少阻力。收腿时大腿少收，小腿多收(直到收不动为止)，收时小腿躲在大腿后面，不要超出大腿投影范围。

(2)提高推进效率

推进效率取决于3个方面：对水面积、划水距离、划水速度。

a)对水面积当然是越大越好

对划臂来说就是手掌面积加上胳膊内侧的面积。开始抱水时先屈腕后屈肘，保持高肘划水状态。高肘的目的就是保证胳膊的最大对水面积。蹬水时的对水面积主要是小腿内侧加脚的内侧，大腿也有一些，但很少。

增大蹬腿对水面积的方法是尽量多收小腿、多翻脚。多收小腿不难，但多数人翻脚不充分，达不到两脚内侧正对后方的程度，解决的办法是增大膝、踝关节的柔韧性，可做如下练习：两膝相距20厘米左右跪在地毯上，两脚呈翻脚姿势，屁股下压。如屁股能轻松着地，就说明柔韧性可以了。

b)划水距离

划水距离长产生的推进力也大，但蛙泳的划臂距离不能长，因为它是水下移臂的，划臂距离长伸臂也长，伸臂要产生向后的推进力，所以加长划臂距离不合算，规则也不允许，划臂应手不过肩。蹬水距离要靠多收小腿、充分翻脚来加长。

c)划水速度

划水速度快则效果好，但发力方法不同于陆上，不能用爆发力，所有的发力过程都是由小到大、由慢渐快，不可一下手就猛划狠蹬。

(3)臂腿配合时机

对初学练习者来说，要强调伸直胳膊再蹬腿，且慢收快蹬。看世界顶尖选手视频，从手伸了一半就开始蹬腿到臂完全伸直才蹬的都有，还不好说哪种最好。关于蹬腿后的滑行，滑得越长速度越慢，快速游是不滑行的，甚至有人腿还没蹬直就开始划臂，这叫臂对腿的超前式配合。

(六)出发

蛙泳出发和自由泳、仰泳一样同属台上出发技术,其出发的姿势有摆臂式、蹲踞式和抓台式。目前运动员台上出发大多采用抓台式出发。抓台式出发技术包括预备姿势、拉台、蹬离出发台、腾空、入水、滑行和划臂出水七个部分。

其中预备姿势、拉台、蹬离出发台、腾空的动作要领和自由泳基本相同,只是蛙泳的入水比自由泳要深,潜行的距离也较自由泳长。

入水后,身体应保持流线型姿势滑行。滑行时身体充分伸展,并保持适度紧张,两臂伸直并拢,一手掌心应贴在另一手手背上,头在两臂间,目视下方。两腿并拢、伸直,脚背绷直。滑行至接近正常比赛游速时,即开始长划臂动作。

蛙泳出发后,在水下完成一次划臂和一次蹬腿动作之后,在第二次划臂动作中,两手划至最宽处前,头应露出水面,并开始吐吸气。

摆臂式、蹲踞式和抓台式出发的练习方法和自由泳出发练习方法基本相同。

(七)转身

游泳竞赛规则规定:蛙泳转身时,两手应在水面、水上或水下同时触壁,触壁前两肩应与水面平行。同时限制运动员在转身后只能在水中做一次臂、一次腿的潜泳动作。由于规则要求严格,所以转身方法通常只用摆动式转身,这也导致蛙泳转身动作速度要比其他泳式速度慢的原因之一。

1.动作要领

蛙泳转身动作技术(以左转身为例):

(1)触壁

练习者在最后一次蹬腿结束不减速地游近池壁,两臂前伸,在正前方高于身体重心的地方触壁(如图4-63)。

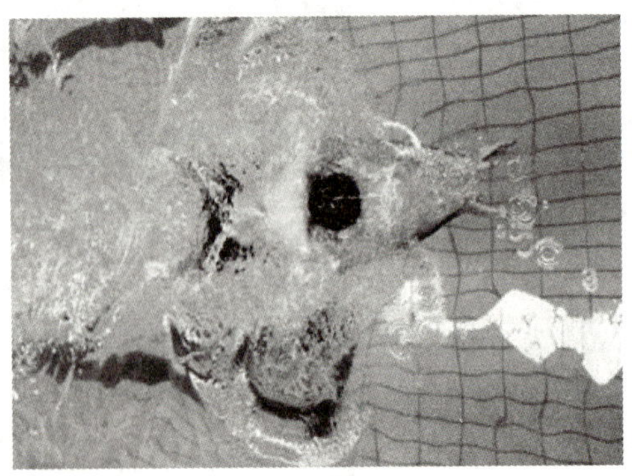

图4-63

(2)转身

触壁后,全手掌压池壁,随着惯性屈肘、屈膝团身(如图4-64),同时身体沿纵轴向左侧转动,并抬头吸气,左手离开池壁在水中随着身体向左侧转动并逐渐向左前伸(如图4–65)。当身体转至侧对池壁时,头向前进方向甩,并低头入水,右臂推离池壁,从空中摆臂,同时提臀使两脚触壁,两手经头部两侧面前伸,两腿弯曲准备蹬壁(如图4–66)。

图4–64

图4–65

图4–66

(3)蹬壁

两脚掌贴在水面下约40厘米处,两臂向前伸直,头夹在两臂之间,然后用力蹬离池壁(如图4–67)。

图4-67

(4)滑行和起游

蹬壁后，身体呈流线型滑行(如图4-68)，当速度减慢到正常游泳速度时，两手开始长划臂至大腿两侧稍停，滑行速度稍慢时，开始收腿和两手贴近腹、胸、颏下前伸，当两臂伸直夹头时，蹬腿、滑行，两臂开始第二次划水时，头露出水面。

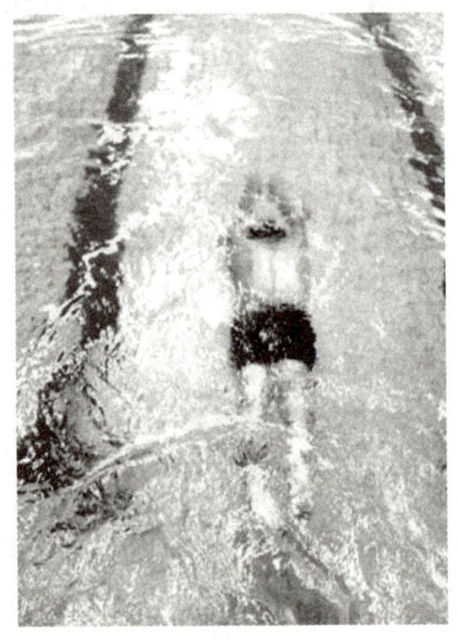

图4-68

2.练习方法

(1)陆地模仿练习

首先，两脚前后站立于墙壁前，身体向前屈与地面平行，双手水平扶在墙壁上(如图4-69)。

接着，右手轻推墙壁，使身体经左向后转动到背对墙壁，同时右腿屈膝全脚掌蹬在墙壁上(如图4-70)。

图4-69

图4-70

最后，两手伸直重叠后，右脚轻蹬墙壁(如图4-71)。

图4-71

(2)游近双手触壁

首先，练习者在最后一次蹬腿结束，不减速地游近池壁(如图4-72)。

图4-72

然后，两臂前伸，在正前方高于身体重心的地方触壁（如图4–73）。

图4–73

(3)两脚触壁

蛙泳两脚触壁练习动作要领和练习方法和自由泳中两脚触壁练习相同。

(4)蹬壁滑行

蛙泳蹬壁滑行练习动作要领和练习方法和自由泳中蹬壁滑行练习相同。

(5)完整配合

蛙泳转身完整练习动作要领和练习方法和自由泳中摆动式转身练习相同。

五、仰泳

仰泳是人体仰卧于水中向前游进的一种姿势。仰泳呼吸容易掌握，动作简单易学，在民间一直是较受欢迎的一种泳姿。但由于仰泳划水在身体的两侧，肌肉难以充分伸展，不能像爬泳和蝶泳那样充分发挥上肢力量，因而速度受到一定的影响，然而仰泳却有动作省力、速度均匀的优点。速度慢于爬泳快于蛙泳。

(一)身体姿势

1.动作要领

(1)仰泳时，身体自然伸展，平直地仰卧于水面上，头和肩部略高于腰和腿部，身体纵轴与水平面构成一个很小的仰角(如图5–1)。头部和髋部的位置关系非常重要。头的位置很大程度上决定了整个身体的位置，起着“舵”的作用。头部和身体在一条直线上，水面大约在头顶的中部。头部过于后仰，容易使髋部抬高，腿和脚露出水面，影响打水效果并容易挺胸使躯干过于紧张，反之如果刻意收下颌，抬高头的位置，髋和腿就会下沉，身体就会坐在水中，增大身体向前的阻力。

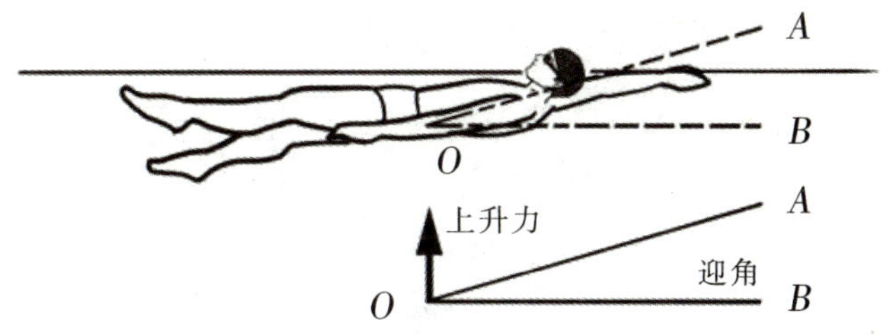

图5–1

(2)在游仰泳时，与爬泳相似，身体也应当随划水和打水动作绕纵轴自然转动(如图5–2)。转动速度要快，使自己在游进过程中躯干处于侧卧位的时间多于仰卧位，这样即保持手臂划水时的深度和合适的角度，又使手臂能充分发挥肌肉力量，还利于移臂时减小阻力。如果身体没有转动，由于肩关节的活动限制，划水就会较浅，产生大量气泡，使划水效果降低。还要注意的是，尽管身体不停转动，头却是固

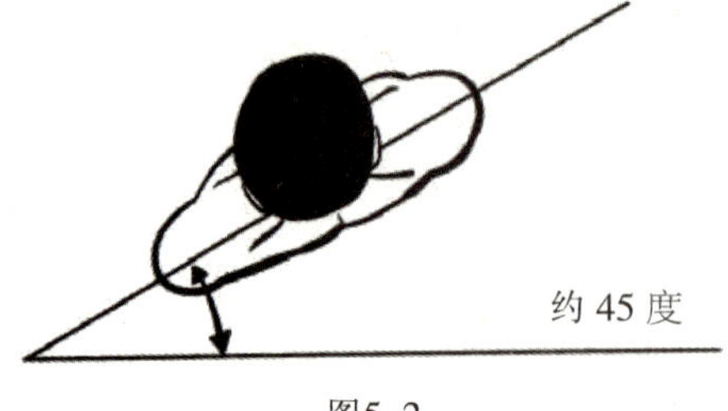

图5-2

定不动的，练习者应该感觉到在游进时即使前额上放一个物体也不会沉落，这样可以避免身体侧向摆动，使推进力方向尽量集中。

（3）流线型也是仰泳身体姿势中重要的一个方面。由于仰泳的仰卧姿势限制，上肢力量不能充分利用，如何减小身体前进的阻力就显得比其他姿势更为重要。游进中要保持积极的流线型，可以将身体尽量伸展，通过微向前耸肩使脊背保持挺直。身体转动时使身体一侧从肩到髋和大腿外侧都能露出水面（如图5-3）。

图5-3

2.练习方法

(1)陆地练习

a)陆地站立身体姿势模仿练习（如图5-4）。

图5-4

b)陆地仰卧身体姿势模仿练习(如图5-5)。

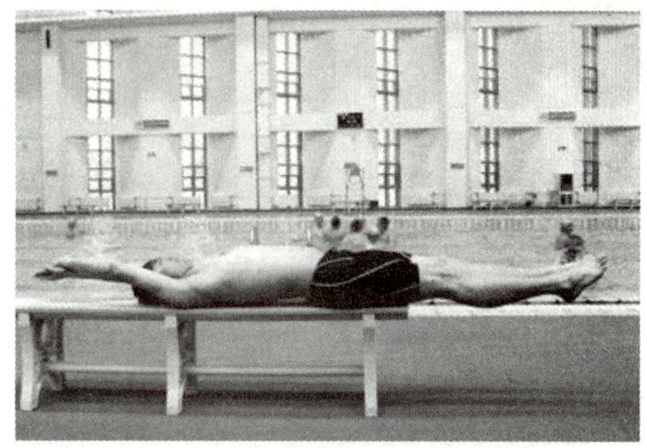

图5-5

(2)仰卧蹬池壁漂浮练习

在做仰卧蹬池壁漂浮练习时一定要注意不要勾头,保持头在正确的位置上,使两耳位于水面下,漂浮时注意绷脚。

首先,练习者手扶水槽或池边,将双脚放在池壁上,脚的位置与臀部持平(如图5-6)。

图5-6

接着,用双腿蹬离池边,身体伸直,在水面漂浮约5秒钟。两臂放在头的两侧伸直并拢,背部略反弓,使腹部能浮于水面。如果腿略下沉,不必在意。保持呼吸轻松自如,并保持上体浮于水面(如图5-7)。

图5-7

(3)蹬池底仰卧漂浮练习

首先,练习者站立水中,两臂伸直上举,两掌心相向重叠。

接着,身体向后倾斜(如图5-8)。

图5-8

最后,身体呈直线形仰卧漂浮于水面上(如图5-9)。

图5-9

(二)腿部技术

仰泳腿部技术动作的作用主要是保持身体位置,产生一定的推进力,并给身体一个稳定的支撑力。快速有力的仰泳打水对有效发挥上臂和躯干的力量也起着主要的作用。

1.动作要领

在仰泳技术中,腿部动作是保持身体处于较好角度、水平姿势的因素之一,并且踢水动作不但可以控制身体的摆动,而且能产生一定的推进力。仰泳的腿部动作是由下压动作和上踢动作组成,即直腿下压,屈腿上踢。

(1)下压动作

仰泳腿向下压的动作是借助于臀部肌群的收缩来完成的。在整个腿下压动作中,前三分之二由于水的阻力,使膝关节充分展开,腿部肌肉放松。当大腿下压到一定程度,由于腹肌和腰肌的控制,停止向下,而过渡到向上移动,由于惯性的作用,小腿仍然继续向下，而造成膝关节弯曲，所以在腿下压的后三分之一是屈腿。

随着惯性的逐渐减弱和大腿的带动，小腿也开始向上移动，但此时脚仍然继续向下，直到惯性消失，大腿、小腿和脚一次结束向下的动作，构成向下“鞭打”的动作。

下压的动作因为不产生推进力，因此相对要求速度不要太快，并且腿部各关节要自然放松。

(2)上踢动作

当腿部动作下压结束时，由于水对小腿的阻力和大腿肌肉的牵制，大腿与小腿构成135~140度角，小腿与水平面构成40~45度角(如图5-10)。

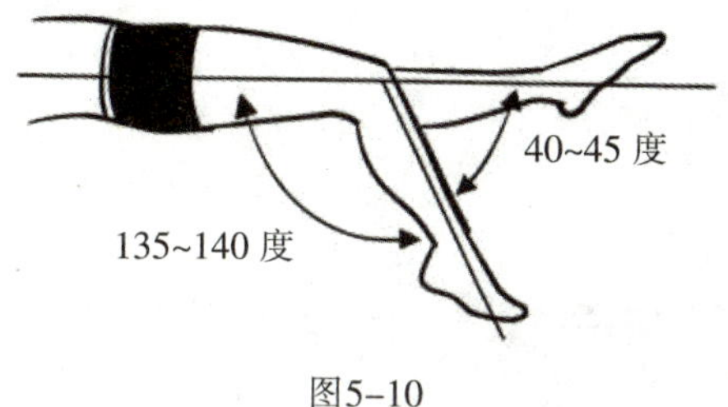

图5-10

此时小腿弯曲到最大程度，小腿和脚对水面较大。上踢动作的开始，就需要用较大的力量和速度来进行，并逐渐加大到最大力量和速度。当大腿向上移动超过水平面就结束向上的动作，此时膝关节接近水面。随后小腿和脚也依次结束向上，使膝关节充分伸展，构成向上“鞭打”的动作。

上踢动作是以人腿带动小腿，小腿带动脚来完成的，并且在任何情况下，尽量不要让膝关节或脚尖露出水面。上踢时，脚尖应内旋以加大对水面积。

2.练习方法

练习方法是按照先陆地后水中、先简单后困难的顺序进行，练习者可以根据自己的水平选择性采用下面的训练手段和学习方法来掌握和提高仰泳腿部技术。

(1)陆地仰卧腿部动作模仿练习

首先，练习者直体仰卧在长条凳上(如图5-5)，脚背绷直，两腿并拢。

然后，慢慢将一条腿上移到水平面上，再下移到原位，同时上移另一条腿。两腿继续交替上下移动(如图5-11)。

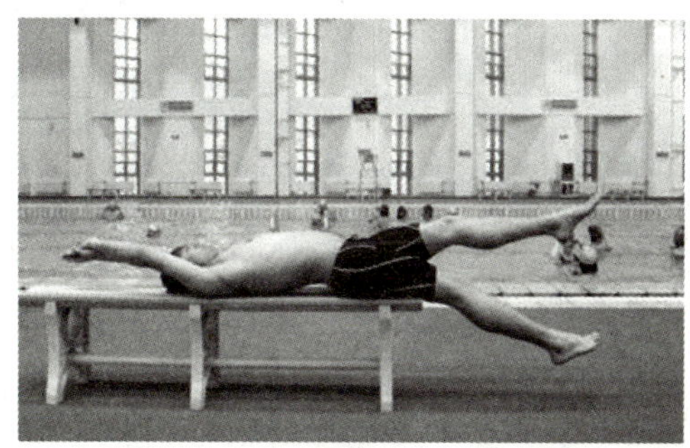

图5-11

在做这一练习时注意向上踢腿不要太高，并逐渐加快打腿的速度，在加速时逐渐使膝关节略弯曲，并使踝关节放松。

(2)池边仰卧腿部打水练习

让练习者充分体会交替打水的感觉，不断提高打水效果。

练习者仰卧在池边，脚背绷直，腿在水面上伸直。将双腿下移到水面下约30厘米处，两腿并拢。先慢慢将一条腿上移到水面上，再下移到原位，同时上移另一条腿。继续交替将两腿上下移动，在两腿交替时两脚不要分开。脚背绷直，脚尖指向对岸。在向上打水时腿不要露出水面，逐渐加快打水的速度，在加速时逐渐使膝关节略弯曲，并使踝关节放松(如图5–12)。

图5–12

此动作练习时要注意脚趾向前指向对岸，不能朝上，并且打水的水花应像煮沸的水，但不要水花四溅，要在水中打水，而不能打空。

3.水中打腿练习

首先，练习者仰卧漂浮在水面上，将两手重叠，掌心相向握住，使两手不易分开，将手臂在头顶上伸直，头夹在两臂之间，两臂在两耳的后面(如图5–13)。

图5–13

然后，保持流线型姿势，逐渐慢慢打水，保持腹部浮于水面(如图5–14)。

图5-14

练习者在练习打水时需通过调整手臂动作和躯干动作形成良好的流线型身体姿势，好的流线型身体姿势能减小阻力，使练习者用很少的能量就可以在水中轻松地滑行。通过100次陆地上练习仰泳腿部动作练习，然后到池边模仿腿部动作练习100次左右，就可以进入泳池中练习，能游25米左右，就可以进入仰泳划臂练习中。

4.错误及纠正

(1)脚露出水面

原因：上踢过高，击起水花太多造成水涡增加阻力，耗费体力。

纠正：身体姿势要正确，明确打水要点和打水时易犯错误；不用浮漂做打水练习，要求向上踢水时大脚趾刚刚露出水面；要求节奏减慢稍加深度。

(2)脚蹬水(踏水)或在踢水时膝关节过分弯曲致使膝关节出水

原因：踢水概念不清。

纠正：不用浮漂做打水练习，注意臀部向上挺，脚推水；强调膝关节不要露出水面；注意腿部打水时动作效果；完整配合练习尽量减少水花。

(3)打水太浅太快

原因：小腿用力太大、抖腿。

纠正：放慢动作注意打水效果；借助浮漂练习踢水，注意幅度；注意打水时要从髋部发力；完整配合练习要求6次打水。

(4)勾脚踢水

原因：踝关节僵硬，打水效果差(无效)不能产生推动力，由于缺少上升力，髋和腿均易深陷水中。

纠正：坐在池边练习打水注意脚的动作要放松；脚踝关节充分放松；要求打水时髋部发力，膝关节放松；游动中做腿打水练习，游动中两臂前伸，双手扶浮板，做腿部打水练习，注意脚踝关节放松。

(5)双腿分离太大并伴有身体下坐姿势

原因：整个配合动作效果差；出现踩水现象影响效果。

纠正：从头开始练习所有腿打水的练习，要求注意每一个动作要点。

(三)划臂与呼吸配合

1.动作要领

仰泳手臂划水动作是产生推进力的主要因素，划水技术的优劣直接影响游进的速度。仰泳的臂部动作可以分为入水、划水、出水和空中移臂等几个部分。

(1)入水

练习者在做手臂划水动作的过程中，入水动作与身体的转动协调连合而成，一臂入水时身体向同侧转动可加大手臂入水的深度，手的入水点应当在头前，同侧肩的延长线上，手臂应伸直，肘关节不能弯曲，以小指领先掌心向外切入水中(如图5–15)。

图5–15

(2)向下划水和抱水

手臂入水后，不宜立即向后划，否则容易造成手划水太浅，产生大量的气泡而划空，因此应当积极下划(如图5–16)，随着身体围绕纵轴的转动和积极伸肩，手臂向外旋转，屈腕使手掌对准水并有压力感，此时划水的肌肉群如肩部肌肉、胸部肌肉和背部肌肉应当得到适当拉长，以便划水时能充分发挥力量。逐渐屈肘，前臂内侧和手掌对准后方，手指向外(如图5–17)。

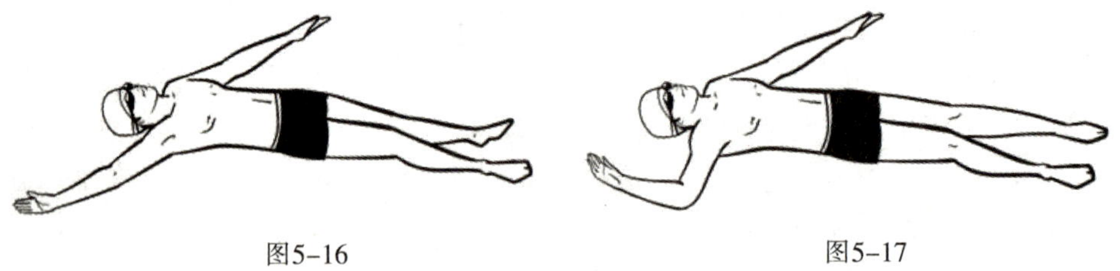

图5–16　　图5–17

(3)向后划水

抱水结束时肘的位置仍高于手，向下划水完成后，随着身体绕纵轴继续转动，肘关节下降，手在向后划水的同时沿对角线向上、向后和向内划动，使转动幅度达到最大，肘关节弯曲也达到最大程度，约90~120度，与爬泳的高肘划水相似，我们也称为高肘划水，此时的肘实际在水的下面。向上划水结束时手掌距离水面约10厘米，指尖指向外上方(如图5–18)。

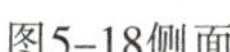
图5-18侧面

图5-18正面

(4)推水

手划水划到"S"形划水线路最上方时，开始第二次向下划水。此时身体开始向划水手臂的对侧转动，手臂沿螺旋曲线向下、向内和向后加速划水，直至在大腿下完全伸直。手和手腕的动作很快，因而像鞭梢抽打水的动作，第二次下划水结束时，手掌向下，手臂伸直，手位于大腿下方，手掌离水面约30厘米(如图5-19)。

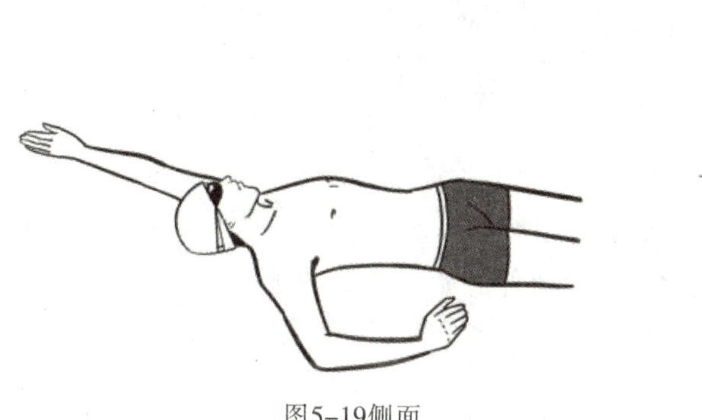
图5-19侧面

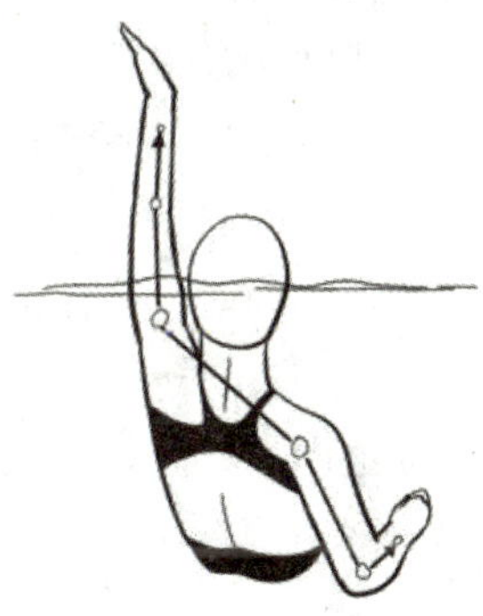
图5-19正面

(5)出水和空中移臂

手出水后(如图5-20)，手臂应迅速以直臂方式向前移动，上臂应贴耳，移臂的前半段手掌向内使手臂肌肉尽量得到放松，当手臂移到头上与水平面垂直时外旋(如图5-21)，使掌心向外，为入水做准备(如图5-22)。

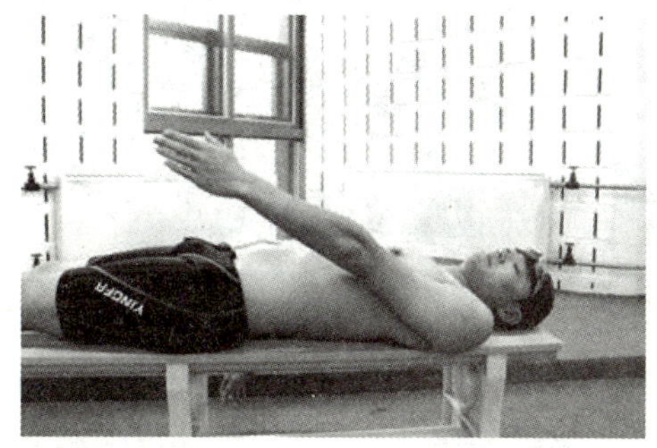
图5-20

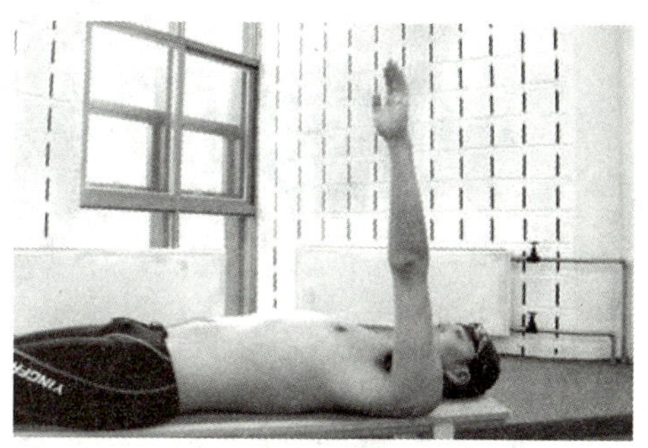
图5-21

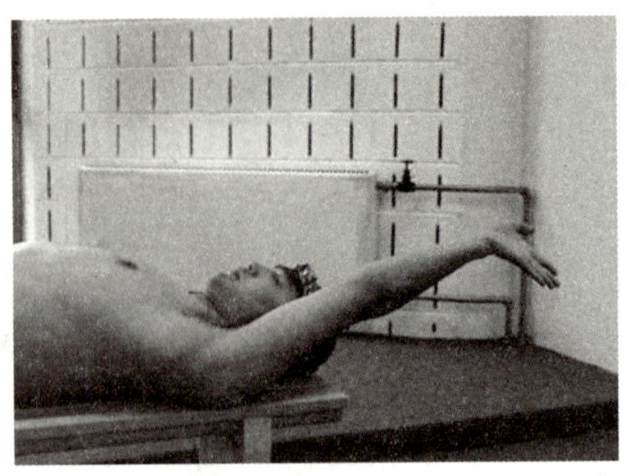

图5-22

空中移臂动作与身体的转动分不开，在一臂移臂的前半部分，身体正好向划水臂一侧转动，使整个手臂和肩还有身体一侧都露出水面，减小移臂时的阻力，同时使另一侧手臂划水更有力，但当手臂移到头顶时，身体可以向移臂一侧转动，有利于手臂向前伸得更远，使手入水点远，下划较深。

(6)两臂配合

仰泳两臂配合与爬泳一样，应当保持身体得到连贯而均匀的推进力，使身体匀速前进。仰泳两臂配合一般是一臂入水时另一臂划水结束，两臂基本处于一个相反的位置(如图5-23)，使一臂结束划水动作时另一臂能立即产生新的推进力。当一臂入水后前伸下划时，身体转动使对侧手臂动作更轻松自然，当一臂移到头上位置时，另一臂应该正处于开始鞭状向下划水阶段(如图5-24)，这一瞬间身体刚好位于两次转动之间，身体呈仰卧姿势，之后身体开始向移臂一侧转动。

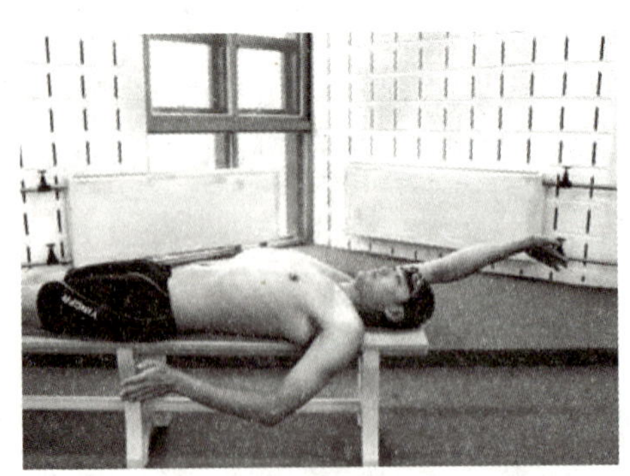

图5-23

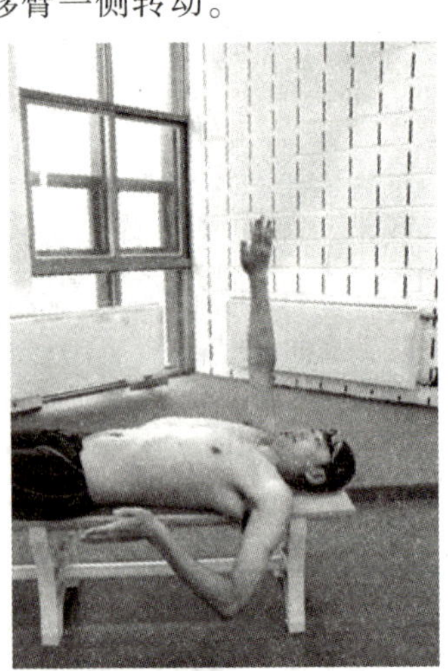

图5-24

(7)两臂和呼吸配合

仰泳时口鼻始终露出水面，呼吸不受水的限制，但为了避免吸气不充分造成的动作紊乱，应保持一定的呼吸节奏，多数练习者采用一臂移臂时呼气，另一臂移臂时吸气的方式，每划水两次呼吸一次。

2.练习方法

(1)陆地站立模仿单臂划臂练习

练习者陆地站立模仿仰泳划臂单臂练习(以右臂为例如图5-25至5-31)。

图5-25准备

图5-26入水

图5-27划水

图5-28推水

图5-29出水

图5-30移臂

图5-31划臂结束

(2)陆地仰卧模仿单臂划臂练习

练习者以右臂为例进行身体仰卧于板凳上模仿仰泳手臂动作练习(如图5-32至5-37)。

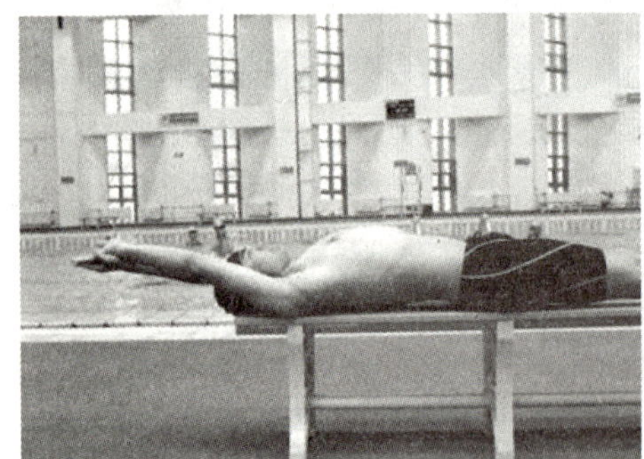
图5-32

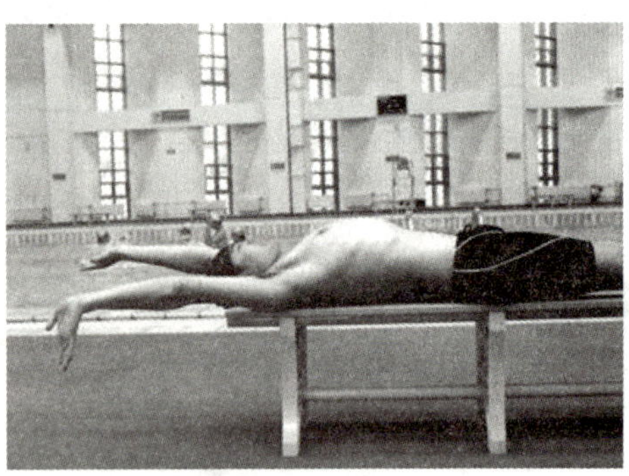
图5-33

图5-34

图5-35

图5-36

图5-37

(3)水中单臂连续划水练习

仰泳水中单臂练习重点是练习单臂划水时的动作控制和身体的转动。下面以左臂划水为例进行讲解。

首先,练习者两腿夹浮板,两臂前伸呈流线型仰卧水中(如图5-38),在练习过程中也可以采用一臂放于体侧,一臂前伸。

图5-38

随着身体向左向右转动,左臂开始做入水、下划、向上划水和推水动作(如图5-39)。

图5-39

然后，身体继续向右再向左转动，左臂完成空中移臂动作（如图5–40）。

图5–40

最后，左臂又回到了开始前的位置，进行直体漂浮，准备进行下一次划臂练习（如图5–41）。

图5–41

在进行水中单臂划臂练习时，左右臂分别都要进行练习，为以后进行双臂配合划臂练习打下良好的基础。

(4)陆地站立两臂交替划臂练习

这一练习主要是体会两臂连贯的节奏配合，掌握身体随手臂移动而转动身体。也可以用来纠正错误的划水动作。站立在陆地上，两臂交替做划水模仿练习，先可以做分解划水动作，即一臂划水结束时，另一手臂再做划水动作。

首先练习者站立，两臂上举掌心相向重叠（如图5–42），左臂不动，右臂开始做向下划臂模仿练习（如图5–43），左臂还是不动，右臂在向下划臂动作结束后做空中移臂动作（如图5–44）。

图5-42　　图5-43　　图5-44

当右臂在体前的空中移臂动作结束后，两手靠拢(如图5-45)，开始左臂向下划臂模仿练习，水下划臂动作结束时(如图5-46)，左臂继续做空中移臂动作(如图5-47)。

图5-45　　图5-46　　图5-47

(5)陆地仰卧双臂交替划臂练习

练习者在进行陆地仰卧双臂交替划臂练习时，除了准备姿势是仰卧在板凳上以外(如图5-48)，其他动作和陆地站立双臂交替划臂练习要求相同。

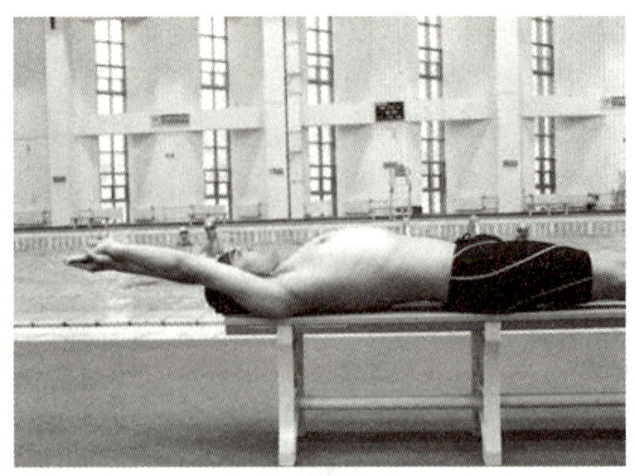

图5-48

(6)水中双臂交替划臂练习

练习者在进行仰泳双臂交替划臂练习时,和仰泳单臂划臂练习基本相似,形象一点说,就是左右臂交替做仰泳单臂划水动作。

(四)完整技术配合

1.单臂连续划水

仰泳单臂划水练习和腿夹浮板单臂划水的身体动作和手臂动作基本相同,只是不再依靠腿夹浮板而是采用两腿仰泳打水动作来保持身体仰卧在水中。

2.两臂交替划水

仰泳双臂划水交替练习和腿夹浮板两臂交替划水的身体动作和手臂动作基本相同,只是不再依靠腿夹浮板而是采用两腿仰泳打水动作来保持身体仰卧在水中。

3.完整配合划水

仰泳完整配合方式一般为6:2:1,即为每6次打腿划臂2次呼吸1次。

具体动作为:当一臂入水和向下划水时,身体向同侧转动,同侧腿向上踢;一臂做抱水和向上划水时,身体向异侧转动,异侧腿上踢;一手做鞭状向下划水时,身体又向同侧转动,同侧腿再上踢。一臂移臂时开始吸气,然后做短暂的憋气,当另一臂移臂时进行呼气。

4.错误与纠正

(1)两臂划水分解,不连贯

原因:推水动作结束时,手臂在体侧停留。

纠正:强调,像是摸到开水壶一样烫手,马上出水,不要停顿。

(2)划水时,水花太大,手腕出水

原因:入水点不够深度,过早用力。

纠正:强调,先滑深后抱水,再用力向后加速划水。

(3)身体摆动严重

原因:入水点太开,肩关节灵活性差,推水不到位。

纠正:加强肩关节柔韧性练习,手臂要在头部的前方入水。推水结束时,手臂碰大腿手腕要下压。

(4)踢水没水花

原因:头部抬得太高,脚的位置太低。

纠正:注意上踢时要用力,直腿下压时要放松。

(5)“坐”着游

原因:怕呛水,不敢把头的后部浸入水里。

纠正:头部稍后仰,挺胸,躯干要展平。

5.巩固与提高

仰泳和爬泳相比较,在技术上有相似的方面,也有不同的地方。我们一面将仰泳与爬泳技术进行比较,一面讨论理想的仰泳划水技术。

(1)手臂是在与身体正中线相平行的位置入水

仰泳和爬泳相似的方面表现为两者都是以身体正中线为轴,边滚动边划臂。不同的是仰泳移臂结束入水前,练习者自己看不到手臂的位置。因此,练习者是通过运动感知觉来感知手臂是位于中线的外侧, 还是歪了或者越过了中线。手臂的入水、抱水、划水等整个过程的速率与移臂结束入水的位置都有关系,正确的手臂入水可以减少整个过程所需要的时间。在平时的练习过程中,要时刻意识到中线的存在,手臂要在与身体正中线相平行的位置入水。

(2)移臂结束后要充分推压水

爬泳通过滚动移臂,手臂很容易借助身体的重量,其结果是能够充分地向下推压和划臂。而由于仰泳时身体是仰卧在水面上的,手臂难以利用身体自身的重量,而且,入水后必须立即划水以避免产生拖肘,如果出现拖肘就不能有效地推压水。正确的仰泳划水技术是在移臂结束后手臂要充分地向下推压水, 而且对侧手臂也要有意识地充分向下方推压水。

(3)划水的位置在身体的正侧面

正确的手臂划水位置位于身体的正侧面, 并且手和手臂必须处于距水面较深的位置。为使手和手臂尽可能在深处划水,身体适当地进行倾斜是非常重要的,通过身体的倾斜,手和手臂可以在较深的位置进行划水,这是理想的仰泳划水技术。

(4)肘部充分弯曲

手臂在位于身体的正侧面划水时, 如果手臂完全处于伸直状态对水就不能形成强有力的推压。正确的技术是从抱水时起一边移臂划水,一边充分弯曲肘关节。通过肘关节弯曲和伸展加速推水过程,并使划水动作的频率变快。

(5)向臀部下方推压水

推压水的运动方向不是向着脚的方向推压,而是向着臀部下方推压。由于身体的滚动,当手臂伸直时,正好位于臀部的下方。

（五）出发

在仰泳比赛中，出发与蝶泳、蛙泳和爬泳的出发是不同的，练习者在泳池内抓住池壁上的扶柄，双腿蹬池壁出发。同时规则规定仰泳选手在出发时可以全身露出水面，但脚趾不能超过水槽，这样可以更好地发力，以前的规则是练习者的脚一定要在水下。

1.动作要领

(1)准备姿势

练习者两手与肩同宽握住扶手器，两脚掌蹬住池壁，两臂放松，听到“预备”口令后两臂立即将身体拉起，接近出发台。

(2)起跳

听到“出发”口令时两脚蹬壁起跳，身体尽量拉高，头后仰吸气，双手推离后，两臂伸直，水平向后运动，身体伸展开，双腿用力蹬离池壁。

(3)腾空

腾空后，要仰头挺胸两臂尽量后摆，身体呈反背弓姿势。

(4)入水

入水时，手指先入水，然后依次为手臂、头肩和躯干。

(5)滑行

入水后，身体需保持流线型滑行，身体距水面大约50厘米左右，当滑行即将结束时，两手腕上屈，使身体接近水面，并开始正常仰泳动作。

2.练习方法

(1)蹬池壁漂浮

首先，练习者手扶池边，双脚蹬住池壁，脚的位置与臀部持平(如图5-49)。

图5-49

接着，两臂屈臂用力拉池边，背部拱起，蹬壁发力前，头部稍微向下埋入两臂之间。注意两臂稍微弯曲，把整个身体拉向池壁，这样蹬边才有力(如图5-50)。

图5-50

最后，两脚蹬壁后，开始漂浮。双臂前伸，两手十字交叉于头前，夹住头部，身体呈一条直线，不要勾头，保持身体的适当紧绷，漂浮时绷脚，并保持正常呼吸（如图5-51）。

图5-51

(2)完整出发练习

按照前面所讲的出发技术辅助练习，完整进行练习。从预备姿势、蹬壁、腾空、入水、滑行、水下蝶泳腿到起游，认真重复练习做到精益求精。

（六）转身

仰泳转身技术中，业余游泳爱好者比较常用的是平转身技术，但速度最快的是前滚翻转身技术，下面就这两种仰泳转身技术的动作要领和练习方法分别进行详细阐述。

1.平转身

平转身是仰泳转身中最简单和最基础的技术，转身动作只围绕前后轴进行。在做平转身动作时头部可以出水面也可以不出水面。下面以右手触壁为例进行说明。

(1)动作要领

a)游近池壁和触壁

练习者保持速度游近池壁，以标志绳来调整距离和动作，在左臂完成最后一次划水后，右臂摆至头部左前方，同时头和肩偏向左侧，右手在左肩前方约离水面20厘米深处触壁(如图5-52)。

图5-52

b)转身

右手触壁后随惯性屈肘，双腿仍在做踢水的动作，由于前进方向改变，这样就产生了围绕着身体前后轴转动的力量，使身体在水面转动。这时应屈膝团身，以缩短转动半径并且减少阻力(如图5-53)；同时右手在旋转中做向右推离池壁的动作，以加强头、肩向左旋转的力量(如图5-54)；左臂在体侧由水平姿势屈肘向前移动，右臂向前伸同左臂并拢。

图5-53

图5-54

c)蹬壁

完成转身动作后，两腿弯曲，两脚蹬在池壁约离水面25~35厘米处，上体伸直正对游进方向呈有力的蹬壁姿势，同时做有力的蹬壁动作(如图5-55)。

图5-55

d)滑行和开始起游

蹬壁后,身体呈流线型向前滑行(如图5-56)。当滑行速度降至接近游进速度时,开始打反蝶泳腿或踢仰泳腿,距离不能超过15米,就必须做划臂动作并使身体升至水面进行游进。

图5-56

(2)练习方法

a)仰泳游近池壁

保持速度游近池壁，以标志绳来调整距离和动作，在左臂完成最后一次划水后,右臂摆至头部左前方,同时头和肩偏向左侧,右手在左肩前方约离水面20厘米深处触壁(如图5-57)。

图5-57

b)蹬边漂浮

仰泳转身蹬边漂浮练习和仰泳出发蹬边漂浮练习动作完全相同。

c)两脚触壁

仰泳平转身两脚触壁练习和爬泳摆动式转身两脚触壁练习动作基本相同，只是在接近池壁时采用的是仰泳姿势。

d)完整练习

通过以上仰泳平转身专门练习后，把游近池壁和触壁、转身、蹬壁、滑行、起游等动作有机结合起来，进行重复练习很快就能完全掌握仰泳平转身技术。

2.前滚翻转身

(1)动作要领

a)当练习者游近池壁时，身体随划臂转肩动作沿身体纵轴滚动由仰卧变俯卧(如图5-58)。

图5-58

b)当身体呈俯卧状态时，前伸手划水至体侧，同时低头，双腿打一次蝶泳腿，做前滚翻动作(如图5-59)。

图5-59

c)当前滚翻动作结束时，身体呈仰卧状态(如图5-60)。

图5-60

d)双脚触壁,膝关节弯曲做蹬池壁滑行(如图5-61)。

图5-61

(2)练习方法

a)水中螺旋游

首先,练习者开始游仰泳(如图5-62)。

图5-62

然后，在一臂划水时，同时身体向划水手臂一侧转动（如图5-63），另一手臂随即做高肘移臂动作，使身体由侧卧变成俯卧呈爬泳姿势（如图5-64）。

图5-63

图5-64

当爬泳一臂划水结束时（如图5-65），在转头吸气时，继续转动身体呈仰卧姿势，然后上面的手臂顺势做仰泳空中移臂动作，下面的手臂做仰泳划水动作（如图5-66），如此重复转动身体，让身体在水中螺旋游进。

图5-65

图5-66

b）站立水中前滚翻

仰泳站立水中前滚翻练习和爬泳站立水中前滚翻练习动作相同。

c）游进过程中前滚翻

仰泳游进过程中前滚翻练习和爬泳游进过程中前滚翻练习动作基本相同。只是应当从仰泳开始转身成为爬泳后再做前滚翻。

d）前滚翻和双脚触壁

仰泳前滚翻和双脚触壁练习和爬泳前滚翻和双脚触壁练习动作相同。

e）流线型蹬离池壁

仰泳流线型蹬离池壁转身辅助练习和自由流线型蹬离池壁转身辅助练习动作基本相同。只是转身后继续保持仰卧姿势蹬离池壁，不像爬泳那样须转身呈俯卧姿势。

f)前滚翻和双脚触壁加流线型蹬离池壁

仰泳游进过程中前滚翻练习和爬泳游进过程中前滚翻练习动作基本相同。只是转身后继续保持仰卧姿势蹬离池壁,不像爬泳那样须转身呈俯卧姿势。

g)完整练习

通过上述仰泳转身专门练习,将仰泳游近池壁、转身呈爬泳前滚翻用脚触壁、以仰卧姿势蹬离池壁呈流线型、蹬离池壁同时保持流线型并用蝶泳腿打水完整结合起来,重复多次练习。这样就能掌握仰泳前滚翻转身动作的技术。

六、蝶泳

蝶泳是四种泳姿中最美的一种。由于蝶泳时手臂运动的轨迹像蝴蝶一样的形状,所以人们称之为蝶泳。因为蝶泳的腿部动作又像海豚在水中游,所以蝶泳也被称为海豚泳。海豚泳和蹬腿蝶泳的臂部动作基本结构是一样的,主要区别在于腿部动作。游蹬腿蝶泳时,由于收腿产生阻力,影响动作的连贯性和前进速度,而海豚泳采用波浪式的上下打腿动作,动作连贯,前进速度比较均匀。正是由于海豚泳技术比较先进,现已为广大蝶泳运动员所采用。

现代蝶泳(指海豚泳)的基本动作如下:两臂入水后向外分开时手心转向侧外,然后转向侧下进行划水,这时保持高肘姿势,使手和小臂形成较好的对水位置,并开始由前向后、由外向里划水,划至腹下时肘关节弯曲程度达到最大,两手相距很近。接着向后、向外推水结束臂的划水动作。两手在大腿两旁借助于划水的惯性出水,两臂从空中绕半圆形向前移,至前方伸直入水,入水点与肩同宽。腿部动作如下:两腿并拢进行波浪形的上下打水。腿打水时,由躯干发力,大腿下沉,膝关节弯曲,使小腿和脚面向后对准水,然后用力向后下方压水。当小腿和脚向下压水时,及时抬起大腿,形成鞭状的打水动作,连续不断地推动身体前进。蝶泳的手臂和腿的配合动作为1:2,即臂划1次,腿打2次,在臂入水时打第一次腿,臂划水至后部时打第二次腿,同时抬头吸气。现代蝶泳的技术特点之一,是在游进时身体呈波浪形,这对其他游泳姿势来说,被认为是不合理的。但是蝶泳却成功地利用波浪动作来推动身体前进。正因为如此,曾经有人主张在蝶泳中采用大波浪的游进动作,而且在历史上有的运动员已经获得成功。但从近些年的技术发展趋势看,许多优秀的蝶泳运动员均采用小波浪形的游进动作。

(一)身体姿势

蝶泳时,身体俯卧在水中,依靠两臂强有力的划水和腿的波浪形打水动作推动身体前进,没有固定的身体姿势。

蝶泳时,身体各部分随波浪上下起伏,身体位置并不固定,身体上下起伏受到臂、腿动作影响,如向下打水就会使臀部上升,空中移臂时因为重心位置的改变身体失去平衡,就会使腿部下沉。躯干的波浪动作有利于保持较高的身体位置和较好的流线型,也有利于臂、腿和呼吸的协调配合。在划水最有力的阶段,身体应当尽量保持水平,在手入水、腿第一次打水时,躯干应该向前上方做波浪动作,使腿和躯干的波浪动作产生较大的推进力,弥补此时手臂因入水不产生推进力的不足,以尽量保持向前速度的均匀性。小波浪技术较为科学,能够提高动作效率。蝶泳的波浪动作要求重心平稳,保持直线方向前进的。而大波浪会使身体上下起伏过大,破坏前进的均匀性,并消耗过多的体力。优秀运动员的身体姿势虽然呈上下起伏状态,躯干随呼吸和手臂动作有一定的上抬角度,但重心位置变化不大,臀部下沉不明显。

在一般情况下,抬头吸气容易引起重心下降,手入水后向前伸肩动作容易形成重心上移。但如果头肩位置比较稳定,腰腹和肩的柔韧性好,形成上肢充分前伸,肩和臀的位置较高的躯干动作,就可以有效保持重心稳定,保持较高的身体位置,减小躯干与水面的夹角,维持身体良好的流线型。这样还有利于手入水后很快地抓住水,尽早开始发力,并充分发挥背部大肌肉群的力量。

(二)腿部技术

蝶泳腿和爬泳腿有着相似之处,但蝶泳腿对蝶泳完整配合所起的作用大于爬泳腿。此外,蝶泳腿是从躯干发力,通过力的传递进行鞭打状打水,打水时屈膝程度大于爬泳腿。

虽然爬泳、仰泳和蝶泳打水动作在某种程度上有着相似之处,都要运用鞭状打水技术,但是蝶泳打水是鞭打原理发挥得最淋漓尽致的一种。鞭打原理是链状物体在其质量大的一端先做加速运动,在制动的过程中动量向游离端转移,使游离端产生极大的运动速度。

蝶泳的鞭状打水动作,是由躯干发力经过髋、膝、踝关节的动量传递,并且与躯干动作协调配合完成,由于躯干的质量大,大腿、小腿和脚的质量依次减轻,根据物理学动量定理,脚可以获得最大的线速度,再加上腿部肌肉的协同用力,脚的速度最大。而在游泳运动中,肢体远端的运动所起的作用远大于近端环节所起的作用,这是因为游泳的划水和打水动作多是类似圆周运动的动作。如仰泳划水类似以肩关节为圆心,以手臂为半径的圆周运动,而上下打水是以髋关节为圆心以腿长为半径做圆弧运动。在这类形式的运动中,手和脚的线速度远大于大臂和大腿,因此使手和腿获得最大的动作速度是提高推进力的关键。

1.动作要领

蝶泳打水时,两腿应自然并拢,两脚稍内扣,两腿同时进行。蝶泳腿部动作是由向下打水和向上打水两部分组成,其中向下打水是主要产生推进力的阶段,应当用较快的速度完成。

(1)向上打水

腿因为上一次的打水而在水下呈现完全伸直的状态，在小腿仍然继续伸展的条件下伸髋，使大腿上移，腿自然伸直，踝关节放松。当大腿上升到与躯干呈一条直线时腰腹和臀部开始下沉，大腿也随着下压，但小腿和脚继续向上移，使膝关节弯曲，弯曲的角度随着大腿继续下移和脚继续上移而增大，直到脚上升到最高点，即水下4~5厘米处时，小腿开始在髋关节和大腿的带动下快速向下打水，此时膝关节弯曲的角度达到最大。

(2)向下打水

当大腿上移到与身体平行时，小腿和脚还在继续上移，腰腹部开始用力收缩，屈髋带动大腿下压，当屈髋程度达到最大时，躯干与大腿形成150度角，脚基本上升到最高点，此时开始伸膝，小腿和脚加速下压，在小腿和脚向下打水还没有结束时，大腿应该已经开始向上打水了，这样才能保证脚的鞭状打水动作。当小腿和脚继续向下打水到膝关节完全伸直，脚处于最低点时，小腿和脚在大腿的带动下开始向上打水，又进入下一个打水周期的动作。在向下打水时踝关节伸直并略有内旋，踝关节的灵活性对打水的效果起着关键作用。由于膝关节弯曲和踝关节伸直，在向下打水开始时小腿打水方向是向下和向后的，而踝关节的动作更像向后推水。

2.练习方法

(1)陆地“两拍”腿部动作模仿练习

首先，练习者站立在池边，两手扶髋关节(如图6–1)。

图6–1

然后，直腿站立，髋向后移，胸部向前(如图6–2)。

图6-2

接着，再直腿向前送髋，胸部向后移（如图6-3）。

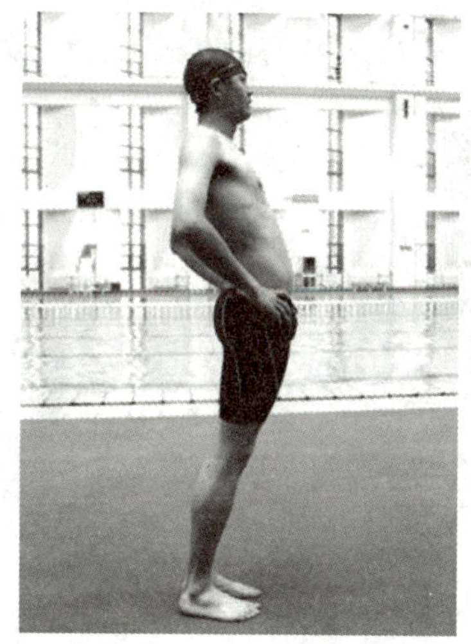

图6-3

练习者在开始做这一练习时，动作慢一点，髋关节前后移动的幅度稍大一点，熟练后将动作连起来，幅度减小，流畅进行。

(2)陆地“四拍”腿部动作模仿练习

首先，练习者站立在池边，两手扶髋关节（如图6-1）。

接着，做挺腹动作（如图6-4），髋关节向前移，使腹部向前挺出，重心前移，身体其余部分不动。

然后做屈膝动作（如图6-5），在挺腹的基础上，屈膝重心下降。

图6–4

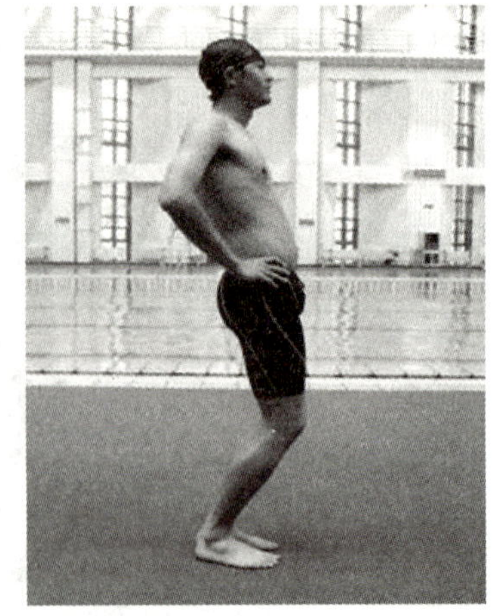
图6–5

在屈膝动作结束后开始做提臀动作(如图6–6),在屈膝的基础上,髋关节后移,重心也随之后移。

最后是伸膝动作(如图6–7),在提臀的基础上,伸直膝关节,重心上移。

图6–6

图6–7

练习者在进行练习时,按照口令"一挺腹,二屈膝,三提臀,四伸膝"的顺序重复来做动作,先将动作分解开慢慢做,动作熟练后加速连续做。

(3)手扶浮板水中蝶泳腿部动作练习

首先,练习者手握浮板站立水中(如图6–8),然后身体前倾,使身体水平漂浮在水面上(如图6–9)。

图6-8

图6-9

然后,开始蝶泳身体和腿部动作练习(如图6-10、图6-11)。

图6-10

图6-11

(4)水中双臂前伸蝶泳腿部动作练习

站立池中,两臂伸直上举,两手前后重叠,吸好气后,身体向前倾斜同时蹬池底呈俯卧姿势漂浮在水中,进行蝶泳腿部动作练习。

3.错误与纠正

(1)屈髋打水或身体没有波浪动作

原因:腰腹部紧张,收腹打水,膝关节过分弯曲。

纠正:强调打水时由腰部发力;腿打水时,臀部应上下起伏。

(2)大腿不动,小腿打水,打腿不前进

原因:躯干没有参与动作,膝关节过分弯曲。

纠正:强调挺腹、提臀,强调用力打水,放松屈膝。

(三)划臂与呼吸配合

1.动作要领

蝶泳臂的划水动作是产生推进力的主要来源，并且相对其他姿势来说划水动作较大。蝶泳臂的划水是两臂在头前入水,同时沿身体两侧做曲线划水。为了便于对蝶泳臂划臂技术进行详细讲解,我们将其分为:入水、抱水、划水、推水、出水、空中移臂、划臂与呼吸配合七个部分。

(1)入水

蝶泳臂入水点基本上在肩的延长线上，两臂同时入水(如图6-12)。入水时肘稍屈并略高于小臂，手指领先，并约与水面成45度角，然后带动小臂和大臂依次入水。在入水阶段，由于前臂内侧旋转动作，掌心由向内侧积极转向外侧后。

图6-12

(2)抱水

臂入水后，手和前臂继续外旋，进入抱水阶段。抱水时，手的运动方向为向外—向后—向下。随着前臂的外旋，掌心由向外侧后转为向后方向，接着进入划水阶段。

(3)划水

在臂进入划水阶段时，前臂和手掌是划水的主要对水面。屈肘，使肘部保持较高的位置。前臂外旋动作和逐步加大屈臂的动作是同时进行的。当两臂划至肩下方时，小臂和大臂的角度约成90~100度，当两手划至腹下时，两手距离最近(几乎碰到一起)，然后转入推水动作。

(4)推水

当两手距离最近时，双手做弧形向外推水的动作(如图6-13)。手的运动方向为向外—向上—向后的方向。推水的前半部，手有较大的向后运动的分量，推水路线较直；推水的后半部，手有较大的向外—向上的运动分量。推水时，由于小臂的内旋，掌心由划水向后转为向外侧后方。

图6-13

(5)出水

当两臂推水至髋关节两侧时,利用推水的惯性,提肘出水(如图6–14)。提肘出水动作是在推水结束前即已开始。在两臂推水尚未结束时,两肘已开始做向上提起的动作,这时掌心向外—向后侧。

图6–14

(6)空中移臂

当推水结束提肘出水后,两臂即由空中前移,开始移臂时肘关节微屈,手掌向上,肘先于手出水,两臂放松内旋,沿身体两侧低平的抛物线前摆(如图6–15)。开始移臂时稍用力,利用臂的离心力向前摆出。移臂时速度要快,否则会造成身体下沉。

图6–15

(7)划臂与呼吸配合

蝶泳的呼吸是借助于两臂划水的后部推水动作,同时需后部肌肉大幅度伸展,使头抬至口露出水面时吸气。吸气的速度要快, 头必须在臂入水前回到原来的位置,慢呼气或者稍憋气后呼气。蝶泳的呼吸一般是一次划水一次呼吸,但是为了加快游进的速度,也可采用两次以上的划水动作之后,再做一次呼吸的技术。

2.练习方法

(1)陆地站立手臂模仿练习

首先,练习者直体站立,两臂上举,两掌重叠,掌心相向,目视前方(如图6–16)。

然后，做入水动作时，两臂内旋，稍屈肘使手的位置在肘关节位置的前面，同时掌心由原来指向前方转动到对准外侧方（如图6–17）。

图6–16

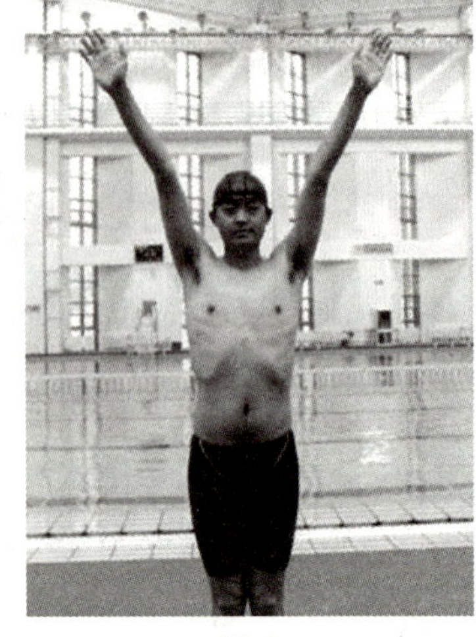

图6–17

入水动作结束后，划水动作就开始了，两臂由内旋变为外旋，掌心由指向外侧变成指向下方，同时两手经外侧向身体纵轴方向划一个弧线（如图6–18）。

划水动作结束后，开始推水动作（如图6–19）。推水时，由于小臂的内旋，掌心由划水的向下转为向外侧后方。

图6–18

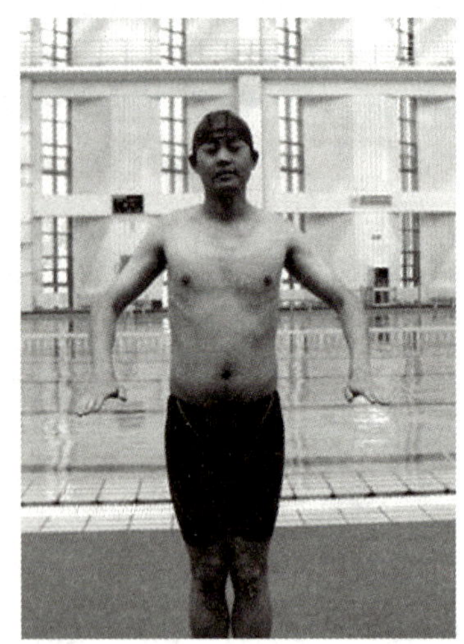

图6–19

最后是出水和空中移臂（如图6–20），当推水结束提肘开始移臂时，肘关节微屈，两臂放松内旋，沿身体两侧低平的抛物线向后上摆。

图6-20

练习者通过多次站立模仿蝶泳手臂练习，基本能够掌握蝶泳手臂运动的线路，这时还要多进行俯卧姿势的模仿练习，才能更准确掌握蝶泳划臂时手掌所指方向的变化规律。

(2)俯卧姿势手臂模仿练习

首先是准备姿势到入水动作。练习者两脚前后站立于地上，身体前倾，两臂伸直，两手重叠掌心向下(如图6-21)，在入水动作开始时，向前伸臂，两臂内旋，两手向两侧下伸的同时，随着手臂内旋两手掌心转成指向外侧下方(如图6-22)。

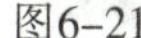

图6-21

图6-22

接着是从划水到推水动作。两臂入水后随着两臂由内旋变为外旋，掌心所指的方向也由外侧下方转变成为向后(如图6-23)，随着两臂向后推水，掌心慢慢由向后转变为向上的方向(如图6-24)。

图6-23

图6-24

然后是出水和出水后的空中移臂动作。出水后掌心指向上方(如图6-25),随着两臂从身体两侧向前移臂和两臂向内旋转,掌心由向上变成入水前的外侧下方(如图6-26)。

图6-25

图6-26

(3)池中站立手臂模仿练习

池中站立模仿蝶泳手臂练习的动作和陆地俯卧模仿蝶泳手臂练习相同，其主要作用是让练习者在基本掌握蝶泳手臂技术的情况下，充分体会和提高在水中划臂动作的效果,从而有效增加划臂动作产生的推进力。

首先,准备姿势和入水(如图6-27、6-28)。

图6-27

图6-28

接着，划水和推水(如图6-29)。

图6-29

最后，出水和空中移臂(如图6-30、6-31)。

图6-30

图6-31

在移臂结束后，开始下一次入水(如图6-32)。

图6-32

(4)池中手臂和呼吸配合

掌握蝶泳手臂动作与呼吸配合是为蝶泳完整动作打下基础，同时解决呼吸配合这一难点。池中站立手臂和呼吸配合练习能很好地让练习者快速掌握手臂和呼吸的配合技术。

首先，练习者站立水中，吸好气后身体前倾俯卧在水中，两臂伸直掌心相向重叠(如图6-33)，开始做入水动作时慢吐气(如图6-34)。

图6-33

图6-34

在做划水(如图6-35)和推水(如图6-36)时继续慢吐气。

图6-35

图6-36

出水后(如图6-37),在做空中移臂时抬头吐吸气(如图6-38)。

图6-37

图6-38

(5)池中腿夹浮板划臂

池中腿夹浮板漂浮模仿蝶泳手臂动作和呼吸配合技术练习，是学习蝶泳过程中非常重要和普遍的学习方法。腿夹浮板可以帮助练习者能够水平漂浮在水面上，而不是依靠身体和腿部动作来维持身体水平漂浮。从而能使练习者更加快速准确掌握蝶泳手臂和呼吸配合技巧,为学会蝶泳打下坚实的基础。

3.错误与纠正

(1)移臂出水困难

原因:划水的后部掌心向侧上推水;最后推水无力或推水后停顿;移臂时抬头过高。

纠正：要求掌心向后加速用力推水；推水结束后，利用惯性提肘转肩向前移臂；先低头再移臂。

(2)直臂划水

原因：没有抱水的动作。

纠正：强调高肘、屈臂，抱水之后再划水。

(四)完整技术配合

蝶泳完整动作配合技术通常采用2次打腿、1次划水、1次呼吸(2:1:1)配合技术，手、脚配合要有节奏，两次打腿的力量要有轻重区别，两臂入水后轻打腿，两臂推水结束后要重打腿。

1.动作要领

(1)两臂入水后，腿做第一次向下打水动作，同时低头吐气。

(2)臂抱水时腿向上。

(3)当两臂划至腹部下时，开始做第二次向下打水的动作，并且抬头吸气。

(4)推水结束后，吸气和第二次打腿都已结束，利用推水的惯性低头、前移两臂至头前方准备入水。

(5)划水路线(如图6-39)：两手碰大腿，吸气抬头、提肩空中移臂(肩高于手腕，手背向前，手掌心向后)，两臂前移平肩时低头，两手空中前伸在肩的延长线“入水”，入水后即向外内旋屈肘抱水，(使肘处于较高位置做“S”形加速划水)。边推水边提肘出水，借惯性移臂。

图6-39

2.练习方法

(1)陆地模仿练习

首先,练习者直体站立在陆地上,两臂伸直上举,掌心向前。然后,两臂开始做水下划水动作,当推水动作结束时,打第一次腿。最后,当第一次打腿结束后开始做空中移臂动作,两臂入水后打第二次腿。注意两次打腿的力量要有轻重区别,两臂入水后轻打腿,两臂推水结束后要重打腿。

(2)水中完整练习

练习者在掌握了蝶泳分解动作的基础上,把它们结合起来进行认真重复练习,蝶泳完整技术将得到不断完善和提高。

3.错误与纠正

(1)腿和上身起伏过大

原因:抱水时,直臂向下压水;没有划水路线;入水时打水已经结束。

纠正:注意屈臂抱水;强调划水路线;注意臂腿配合的节奏。

(2)手脚配合脱节

原因:手臂入水后停留过长,配合差。

纠正:手臂入水后接着就要向后划水,并进行第二次打腿。

(3)躯干没有波浪动作

原因:手臂入水时不积极低头提臀。

纠正:手臂入水时要积极低头提臀,腿向上打时,伸膝关节。

4.巩固与提高

(1)水下踢腿建立起速度

对于初学者,可以只用两三个水下踢水,但一定得有,决不能只是踢离池壁,单纯身体往前开始游泳。更高水平的练习者会最大限度增加踢水次数,甚至能踢到离池壁15米远的地方。这是极大的优势,能帮你从刚开始就建立起速度。游蝶泳时冲力是非常关键的,蹬离池壁时强大的冲力能帮助你达到个人最好成绩。

(2)直臂移臂效率最佳

现今世界上最强的游泳运动员采用的都是直臂移臂。这种方法收臂最快,也能最大化在水下的动作效率,取得最好的推进效果。收臂越快越好,且速度不减慢,那手臂就得很放松,因为面朝下划水时,得用上所有的力气。美国著名运动员菲尔普斯就是通过手和手臂往前的横扫以及保持肘部的笔直的方式,保持最大的效率和向前的动力。

(3)呼吸时的头部位置

当练习者的下巴往前,头仰起来的时候,臀部就低下去了,身体处于垂直位置。游蝶泳的主要目标是保持一个水平的位置,所以呼吸时的头部位置是至关重要的。呼吸时,以45度角往下看,脖子要尽可能保持水平。

七、溺水自救与救生

溺水又称淹溺，是人淹没于水或其他液体介质中并受到伤害的状况。水充满呼吸道和肺泡引起缺氧窒息，吸收到血液循环的水引起血液渗透压改变、电解质紊乱和组织损害，最后造成呼吸停止和心脏停搏而死亡。溺水的后果可以分为非病态、病态和死亡，其过程是连续的。淹溺发生后患者未丧失生命者称为近乎淹溺。淹溺后窒息合并心脏停搏者称为溺死，如心脏未停搏则称近乎溺死。溺水多发生在夏季的游泳场所、海边、江河、湖泊、池塘等地。本书将从溺水原因及自救方法、游泳救生专项技能、水上间接救护、水上直接救护四个方面进行简单的介绍。

(一)溺水原因及自救方法

1.溺水原因

(1)技术因素

由于练习者游泳技能掌握不够成熟，突发意外情况时动作失调，又不能及时将身体姿势调整到正常游泳姿势而导致溺水。预防措施：首先，练习者在游泳技能掌握不成熟的情况下不要到危险的水环境游泳，以避免溺水事故发生；其次，在游泳过程中如果发生意外，一定要保持冷静，不宜用力挣扎，把身体姿势调整到正常的游泳姿势上来。

(2)生理因素

练习者患有不适宜游泳的疾病(如心脑血管疾病、哮喘等)和饥饿、疲劳等情况下进行游泳活动引起疾病发作或者生理指标异常而导致的溺水。预防措施：首先，练习者要对自己身体做一个全面的了解，清楚自己的身体是否适合游泳运动；其次，在每次游泳前都要做好准备活动；最后，在过度疲劳、饥饿或者饭后不宜进行游泳运动。

(3)心理因素

练习者由于对水恐惧，心理紧张，碰上意外情况不能进行合理调整而导致的溺水。预防措施：怕水的练习者，不管游泳技能有多好，都不宜一个人独自进行游泳运动,在有人陪同的情况下,还要做好一定保护措施,比如系好救生圈、穿好救生衣等。

(4)环境因素

由于练习者对游泳场所的情况不清楚,盲目进行游泳活动而导致溺水。预防措施:练习者在进行游泳活动之前必须对游泳场馆进行了解,并且不要在不了解的水环境中游泳。

(5)意外伤害因素

练习者在从事游泳活动过程中违反场馆管理规定(比如在浅水区跳水),或者在江河海洋中被船、鱼等物所伤导致的溺水。预防措施:练习者在进行游泳活动时一定要遵守场馆规定,在江河海洋中进行游泳活动时,要提前预判存在的危险,及时避让或做好预防措施。

(6)管理因素

由于场馆的设施不当或者管理不当而导致的练习者溺水。预防措施:练习者在进入游泳场馆游泳前要对游泳场馆的营业资质、场馆设施、救护者等情况有清楚的认识,不要进入存在安全隐患的游泳场馆中游泳。

2.常见溺水事故与自救方法

溺水自救是十分必要的,练习者掌握一定的自我救护技能可以争取救援时间甚至排除险情。游泳中突发意外溺水事故时一定要沉着、冷静,按照一定的方法进行自救,并及时发出求救信号,等待救援。

(1)抽筋

抽筋学名叫肌肉痉挛,是一种肌肉自发的强制性收缩。发生在小腿和脚趾的肌肉痉挛最常见,发作时疼痛难忍可持续几秒到数十秒钟之久,常见原因主要有寒冷刺激、肌肉连续收缩过快、出汗过多、疲劳过度和缺钙。在游泳过程中,有时也会发生抽筋,破坏正常的游泳身体姿势和节奏,练习者因为惊慌而处置不当就会发生溺水事故。

发生抽筋时不要惊慌,要保持镇静,及时呼救也可以自救。若是小腿抽筋时,使身体呈仰卧姿势,用手握住抽筋腿的脚趾,用力向上拉,使抽筋腿伸直,用另一腿踩水,另一手划水,帮助身体上浮。上岸后对抽筋一侧腿进行按摩和放松。手抽筋时可以反复做用力张开五指和握拳的运动,直到抽筋情况得到缓解。

(2)呛水

呛水是游泳时练习者在水中进行吸气而使水从鼻腔或者口腔进入呼吸道,阻止了呼吸器官和外界进行气体交换。初学游泳的练习者因为没有熟练掌握换气技术很容易引起呛水。会游泳的人有时也会因为波浪突然打来来不及躲避而呛水。

如何避免呛水?练习者在游泳时一定要练习和掌握在水中呼吸动作,即在水面上用嘴吸气,严禁用鼻子吸气,在吸气结束的一瞬间憋气,然后在水下口鼻同时慢慢吐气，同时在水下不能将气吐完，抬头换气时先迅速吐出，紧接着做吸气动作。此外掌握正确的避浪技术也可避免呛水。在出发和前滚转身前要吸气。当爬泳前滚翻转身过程中头朝上时鼻子要吐气，不能吸气，否则很容易使水进入鼻中产生呛水。

如果呛水，不要惊慌，应当迅速调整呼吸或者使头露出水面做几次水面游泳动作，也可以做原地踩水动作，休息一会儿即可恢复正常。

(3)游泳中低血糖

在水中游泳时间过长、饭前游泳、上岸时动作过猛等情况下有的人会出现头晕、目眩、恶心、心跳加速等反应，个别人会突然晕倒，一般是因疲劳缺氧所致。针对性措施是注意保暖、按摩肌肉、喝些糖水或吃些水果等，很快可恢复。

(4)遇到漩涡

练习者在江河、湖泊、海洋游泳时遇到漩涡是非常危险的事情，所以在游泳前一定要注意观察水面的情况，如果有漩涡很容易辨别，在有漩涡的地方一般会有很多的垃圾和杂物在漩涡处转圈，及时发现早做预防。

如果不小心游进漩涡，不要慌乱，更不能踩水，应当立即采用俯卧水面的游泳姿势沿着漩涡的边缘，用爬泳快速游开。因为越是在漩涡的中央吸力越强，相反在漩涡边缘吸力则较弱，同时身体俯卧时面积增大，这样就不容易被卷进漩涡中。

(5)遇到水草

在江河、湖泊的岸边和浅水处都会有水草，练习者在游泳时要远离这样的环境，一旦水草缠身就会给练习者带来生命危险。

如果被水草缠住，切勿用力慌乱挣扎，一定要保持镇静，否则会被水草越缠越紧而无法脱身。在这个时候应当慢慢地原路返回，如无法脱身，则要轻轻潜到水中用手按照水草缠绕的方向，反方向轻轻松开水草。如果还是无法脱身，应让身体仰卧水中使口鼻露出水面，同时要保持体力呼救等待救援。

3.溺水自救的技能

练习者发生溺水后，首先要保持镇静，看清方向，协调呼吸，保持体内最大肺活量。不可手脚乱蹬拼命挣扎，这样只能使体力过早耗尽、身体加速下沉。应当采用以下方法进行积极自救。

(1)踩水

踩水和韵律呼吸，是最基本实用的自救方法。在水中溺水后第一反应应该就是踩水，从而使身体得到休息并使自己镇静下来。

(2)水母漂

水母漂有两种姿势，一种为双手下垂，另一种为双手抱膝，吸足气，全身放松，不做无谓动作，使背部露出水面如龟状，漂浮一段时间再抬头吸气，如此持续动作，可以在水面上漂浮以待救援。

(3)仰漂

仰漂时要屏住呼吸,头向后仰,放松肢体,双手向两边摆成大字形(如图7-3)。因为人体的肺脏就像一个大气囊,屏气后人的比重比水轻,所以人体在水中经过一段下落后会自然上浮。当你感觉开始上浮时,应尽可能保持仰位,使头部后仰。只要不胡乱挣扎,人体在水中就不会失去平衡。这样你的口鼻将最先浮出水面,可进行呼吸和呼救。呼吸时尽量用嘴吸气,用鼻呼气,做到吸、屏、吐三个动作协调而缓慢,以防呛水。千万不要试图将整个头部伸出水面,这将是一个致命的错误。

(4)水中浮具制作

当穿衣掉入水中且离岸很远时,应把衣服脱掉以便游泳。顺序:先做水母状漂浮在水面上、解开鞋带脱去鞋子、再脱去长裤、最后脱上衣。并把衣服捆扎结实做成浮具,长裤在水中浸湿,扎紧裤管充气后再扎紧裤腰。

(5)利用漂浮物求生

水上漂浮物很多,如防水背包、密封袋、球类、防潮垫、充气枕、空水壶等都可以加以利用做漂浮物而求生。

(二)游泳救生专项技能

在游泳救护中游泳专项技能相当重要, 这既是救护者自身生命安全的保证也是溺水者能否被成功救护的关键,下面介绍几种游泳救护的专项技能。

1.抬头爬泳

爬泳是所有泳姿里最快的一种游泳姿势, 它可以在最短时间内接近并成功救助溺水者。抬头爬泳速度快,又能随时观察到被救者的动向,所以抬头爬泳是救护者主要的专项救生技能(如图7-1)。

图7-1

2.侧泳

因为侧泳是身体侧卧在水中只需做双腿蹬“剪水”和一臂划水动作,可以空出一臂来拖带溺水者,所以侧泳是在救护过程中拖动被救者常用的游泳姿势(如图7-2)。在采用侧泳拖动溺水者时,一臂划水而另一臂抱住溺水者的上体,这样可以控制溺水者使其不能乱动,但在拖动的过程中一定要注意不要卡住溺水者的脖子,防止使其窒息。

图7-2

3.反蛙泳

反蛙泳和蛙泳一样是非常古老的仰泳姿势之一，因为它的腿部动作类似蛙泳腿部动作所以称其为反蛙泳(如图7-3、7-4)。它的优势在于救护的过程中可以采用双腿为游进的主要动力,而双臂则可以用来施救溺水者。

图7-3

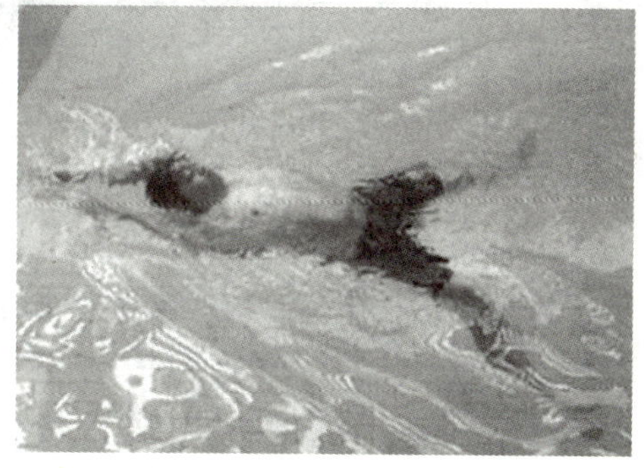

图7-4

(1)身体姿势

反蛙泳的身体姿势和仰泳的身体姿势相同,身体自然伸直,仰卧于水面,两臂置于体侧或前伸,稍收下颌,头的后半部浸于水中。

(2)腿部动作

反蛙泳腿的动作类似蛙泳腿,但是由于身体仰卧,为了保证收蹬腿时膝关节不要露出水面,因此收腿时,两腿做屈膝动作的同时向两侧分开,小腿收于臀部侧下方。其余的动作和蛙泳腿完全一样。

(3)臂部动作

两臂自然伸直,同时在肩前入水,然后屈臂掌心向后,使整个臂对准向后的划水方向,同时在体侧划水。划水结束后,两臂自然放松从空中前移臂。

完整配合要做到以下两点,首先是臂腿配合,反蛙泳的臂腿动作一般是移臂时收腿，划水时蹬夹腿。划水结束后身体(包括臂和腿)要自然伸直向前滑行；其次是呼吸配合，移臂时吸气，入水后用鼻或口鼻均匀地慢慢呼出。

4.潜泳

因为救护不及时很多溺水者已经沉入水底，这时必须采用潜泳的姿势进入水下搜寻溺水者(如图7–5)。

采用潜泳搜寻溺水者时需要注意以下几点：首先，在下潜之前要调整好呼吸，以保证下潜的时间足够长。其次是在下潜时，如果对水域情况非常了解，可以采用头朝下的入水方式，反之，则应采用脚朝下的方式进入到水中。最后，在下潜到水底后两手摸索溺水者，两腿可以采用爬泳腿部动作，也可以采用蛙泳腿部动作。

图7–5

5.踩水

踩水技术是在游泳救生技术中使用范围广泛，实用价值很高的技术之一(如图7–6)。它可以让人在水中遇到人或不明障碍物时，迅速调节呼吸、辨明情况和等待救援等；也是水上救生中抢救溺者、持物游进和水中观察的重要技术。踩水动作有两种，一种是我们通常采用的直立式蛙泳踩水动作，另一种是两腿交替踩水动作。

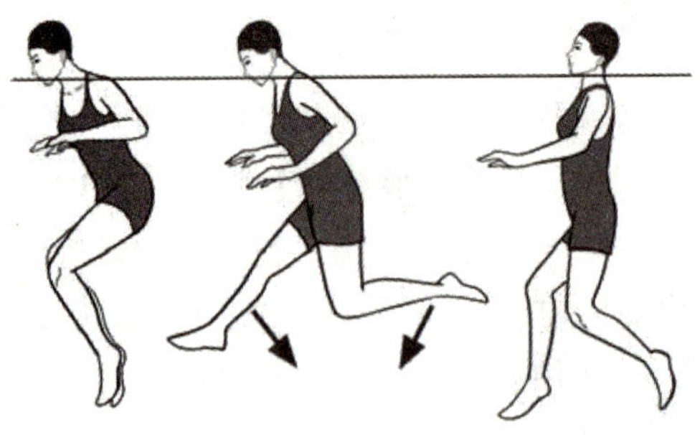

图7–6

踩水动作要领如下：

(1)身体姿势

身体要接近垂直于水面并略微前倾，头部始终露出水面之上，稍收髋，两腿微屈勾脚,也就是我们常说的站立式蛙泳。

(2)腿部动作

腿部动作分为两种:第一种,两腿同时做蹬夹水动作,几乎和蛙泳腿一样,但是大腿的幅度要小。用小腿和脚内侧向侧下方蹬夹水,膝关节向内,当两条腿尚未完全伸直时就收腿做第二次动作,动作要稳定连贯。第二种,两腿交替踩水动作,这种踩水身体在水中的起伏不大,大腿动作幅度较小。做动作时的频率不要过快,两腿交替进行,脚的蹬水路线及回收路线基本上是椭圆形。

(3)臂部动作

两臂平伸并稍弯曲,手和前臂在胸前做向外—向内的弧形拨压水的动作,动作幅度不要过大,频率不要过快。向外拨水时,掌心稍向外,有分水的感觉;向内时,掌心稍向内,有压水的感觉。两手拨压水的路线应该是略微重叠的两个圆形。

(4)腿和臂的配合动作

腿和臂的动作配合要连贯、协调,一般是两条腿同时蹬夹一次或两腿交替蹬夹一次,两手做一次拨压水动作。

(三)水上间接救护

间接救护是指救护者不用下水,而是采用救护器材使溺水者脱离危险。在游泳场馆都应当配备有一定的救护器材,下面介绍几种常用救生器材的使用方法。

1.救生圈

在游泳场馆中都应有救护用的救生圈(如图7–7)。专用的救生圈上面应系着绳子,如果发现溺水者,一手拿救生圈,一手抓紧系在救生圈上的绳子,将救生圈扔给溺水者,等到溺水者抓住救生圈后,将溺水者拖到岸边。

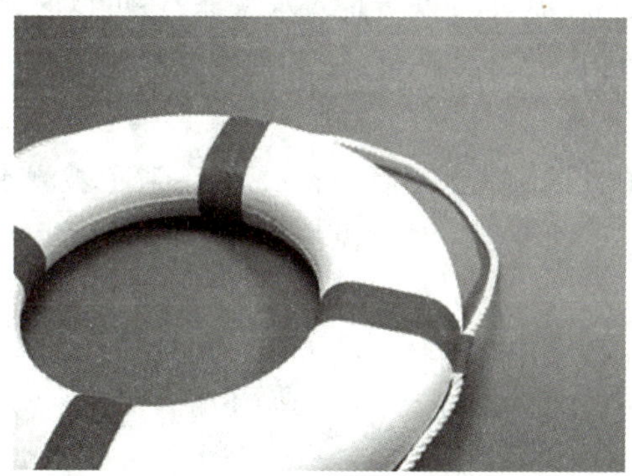

图7–7

2.救生竿

救生竿是游泳场馆使用最多的救生器材(如图7–8),专用救生竿的长度可以调节,且竿的最远端还有一个用来套住溺水者的橡胶圈,当发现溺水者在救生竿的长度范围之内时,将竿伸至溺水者身边,等到溺水者抓住(或者被救生竿上的橡胶圈套住)后,用力将溺水者拖拉到岸边。

图7-8

其他一切可以使溺水者漂浮起来的物体,都可以在危急时刻用来当作救生器材。

(四)水上直接救护

溺水者距离救护者较远,又没有救生器材等情况下我们就只有采用直接救护。值得注意的是在实施水上直接救护时必须要保证自己有水上直接救护的专项技能。下面我将根据水上直接救护的过程来简单讲解其动作要领和注意事项。

1.入水

在熟悉的水域且溺水者距离较远时一般采用出发式的姿势入水。这一入水姿势的优点在于有利于快速提高游泳速度,缩短接近溺水者的时间。但这一姿势有一个致命的弱点,那就是不能在不熟悉的水域采用这样的入水方式,当头朝下入水时,如果水的深度不够或者水下有淤泥、水草等情况都会给救护者自身带来生命危险。所以在不熟悉的水域要采用两腿分开朝下的身体姿势入水,两腿分开可以增加入水时接触水面的面积,这样可以防止入水太深,还可以时刻注意溺水者的动向,以便准确及时实施救护。

2.靠近

救生时要求救护者尽量从溺水者的背后靠近,避免被溺水者抓住或者抱住,威胁自己的生命安全。下面介绍三种常见的靠近方法。

(1)背面接近

一般情况下都应该采用背面接近的方法。施救者在溺水者后面1米处停住,一手托腋下,使溺水者口鼻露出水面,另一手夹胸做好拖带准备。

(2)侧面接近

当溺水者尚未下沉,特别是两手在水面上挥舞挣扎时,或在水质混沌的水域,施救者可有意识地从正面转向溺水者的侧面,迅速抓住溺水者的近侧手腕,一边向胸前拉,一边夹胸拖带,从而控制溺水者。

(3)正面接近

入水后游近距离溺水者3米处停下,下潜到溺水者髋部以下,双手托溺水者髋部，将溺水者转动180度，一手托腋下，另一手夹胸托腋下拖带。

3.解脱

水中解脱是指救护者采取合理的技术动作及时解除溺水者的抓抱，并有效控制溺水者的一项专门技术。解脱方法主要有：转腕、扳手指、反(扭)关节、推击等，下面就常见被溺水者抓抱的情况，对其具体的解脱方法进行详细的阐述。

(1)单手(臂)被抓(以左手为例)

当救护者左手被溺水者右手抓住时(如图7–9)，则救护者可以用被抓的左手上提转腕外翻下压解脱(如图7–10)，并用右手及时抓住溺水者的右手腕部向右拉出，使溺水者背贴救护者的前胸(如图7–11)，解脱出来的左手夹胸控制住溺水者。

图7–9

图7–10

图7–11

(2)双手(臂)被抓

当救护者双手交叉被溺水者抓握时(如图7–12),救护者以上面一个手臂的肘部(以右臂为例),撞击溺水者的另一侧(左手)腕部(如图7–13),先解脱救护者的左手,然后转腕解脱右手,趁势将溺水者向右面拉出,转体180度后,左手臂穿过溺水者前胸拖其右腋,控制住溺水者。

图7–12　　图7–13

(3)单手被双手抓握

救护者的单手被溺水者双手抓握时(以左手为例)(如图7–14),救护者右手虎口向下,用力撞击溺水者的另一侧右手腕部,使溺水者松开一手(如图7–15)并紧握溺水者右手腕。然后,救护者上身前倾,以右上臂近肘处击打溺水者的左手腕部,使全部解脱,并顺势将溺水者的右手向救护者的左侧拉出,同时将溺水者转体180度,背贴救护者前胸,然后夹胸控制住。

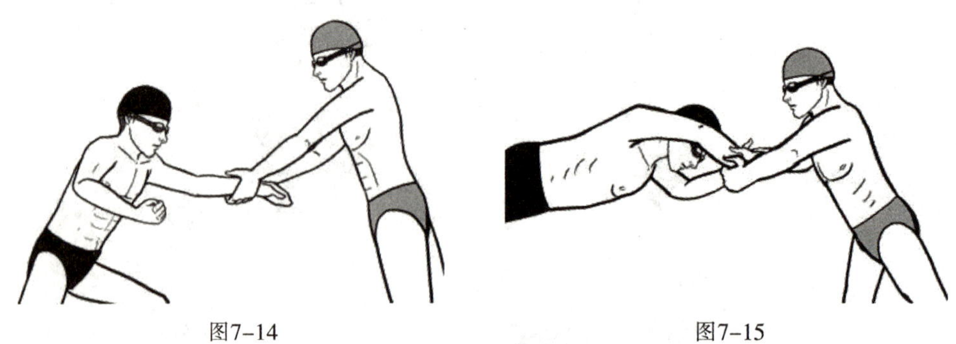

图7–14　　图7–15

(4)颈部被抱持

方法一:上推双肘解脱法

当被溺水者抱住颈部尚未抱紧时,救护者应及时内收下颌(如图7–16),以防气管被卡。救护者下沉,双手上推溺水者的双肘(如图7–17),同时头部下抽,趁势抓住溺水者的一手腕,将溺水者转至背贴救护者前胸,夹胸控制住溺水者。

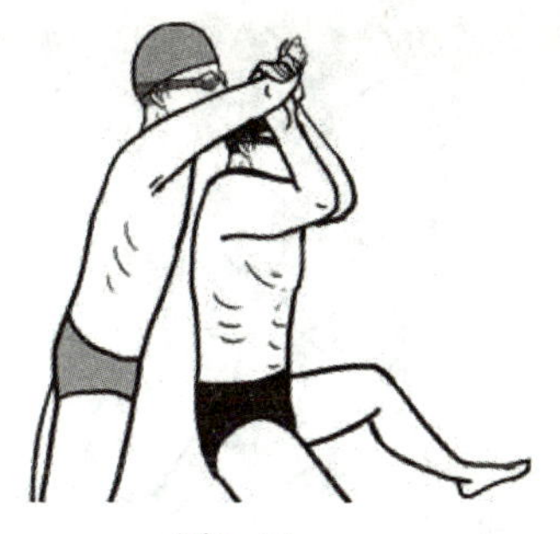

图7-16 图7-17

方法二:压腕上推单肘解脱法

救护者应内收下颌,保护气管,防止被卡住。同时分清溺水者哪只手压在上面。而后救护者上举双手(如图7-18),如溺水者右手在上时,救护者应用左手紧压溺水者的右手腕部,右手上推溺水者的右肘部(如图7-19),自己的头部同时也随之向右侧转出。然后救护者用右手抓紧溺水者的右手臂肘部,将其拉向救护者胸前,并及时夹胸,控制住溺水者。

图7-18

图7-19

(5)腰部正面被抱持

方法一:夹鼻推颌解脱法

救护者的一手的食指、中指紧夹溺水者的鼻,掌心盖住溺水者的嘴(如图7-20),并用掌根拖住溺水者的下颌,用力向上方推出,迫使溺水者头部后仰(如图7-21),另一手紧抱溺水者的腰,并用力向自己的方向拉,迫使溺水者松开双手,之后及时将溺水者转体180度,夹胸控制住。

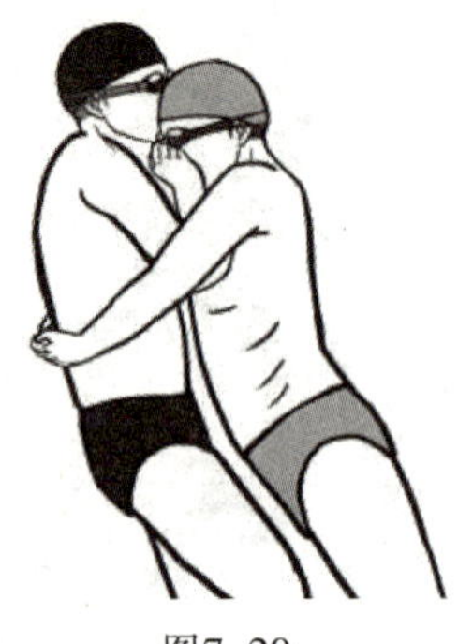

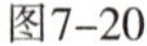

图7-20

图7-21

方法二:弓身抽手解脱

救护者正面双臂肘部关节以下和躯干同时被抱住时,则先臀部后顶,双臂前推,含胸收腹,趁隙抽出一手,夹鼻、盖嘴、拖颌,另一手移至溺水者后腰。之后,采用"夹鼻推颌解脱法"解脱。

(6)腰部背面被抱持

当救护者腰部背面被溺水者抱持时(如图7-22),可采用以下三种方法。

方法一:扳指解脱法

首先分清溺水者抱持时哪一只手在外,如溺水者用手指交叉方法锁住救护者时,可同时做扳指解脱动作。先扳开溺水者在外侧手的一手指(如图7-23),使之松开后用力向外展开,然后外扳另一手指,松开后用力向外展开。使两臂呈侧平举。(以右手为例)救护者向右下方下沉,从溺水者右腋下移至其背后,将右手放在溺水者的腰背部,前拨溺水者,左手托溺水者左腋的同时,右手夹胸控制住溺水者,或者右手托其右腋的同时,左手夹胸将其控制住。

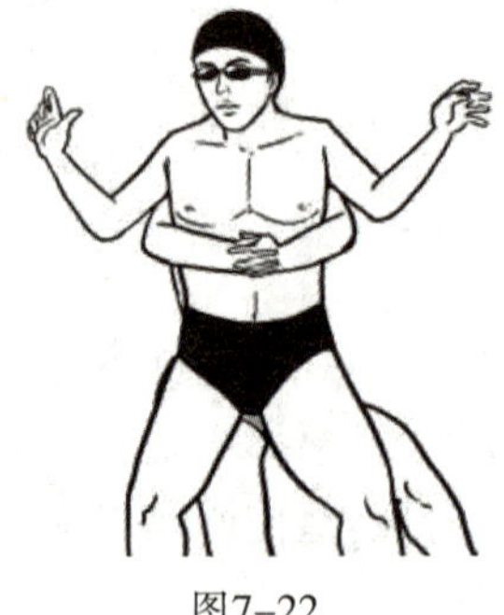

图7-22

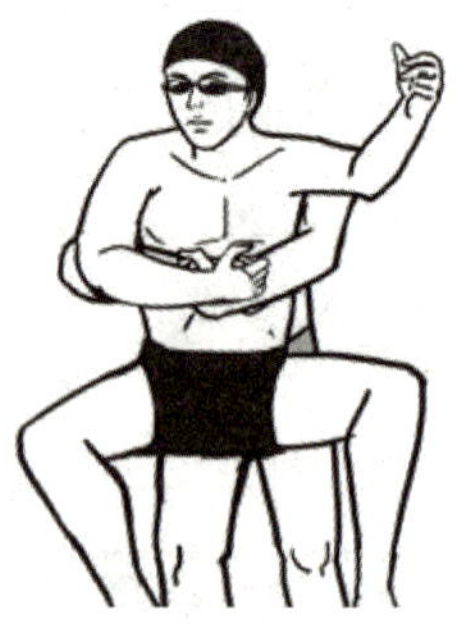

图7-23

方法二:弓身抽手扳指法

救护者背面双臂肘部关节以下和躯干同时被抱住时(如图7-24),先后顶臀部,双臂用力前推,含胸收腹,从缝隙抽出两臂(如图7-25),再采用扳指法进行解脱。

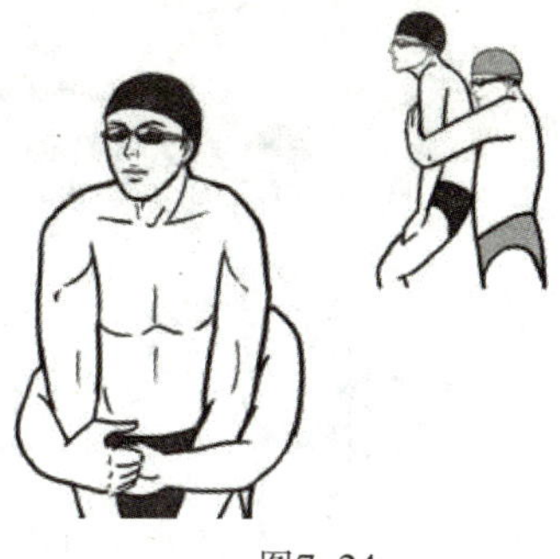
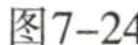

图7-24

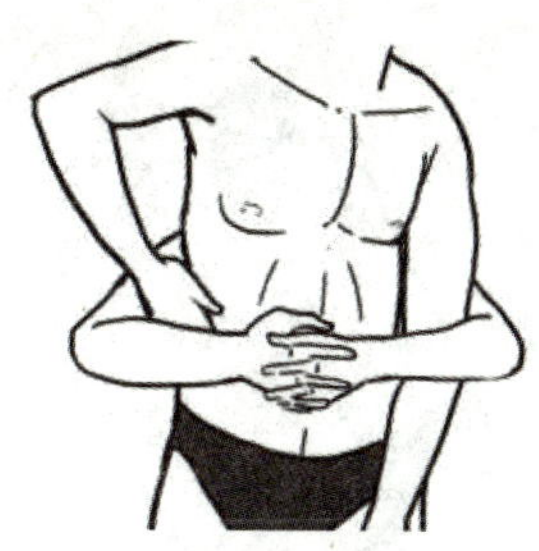

图7-25

方法三:屈肘扩张解脱法

救护者先做两臂屈肘,同时向两侧用力做扩张动作,使两臂被松解,然后视被抱持松紧程度,及时采用“上推双肘法”或“压腕上推单肘法”解脱。

(7)抓发

当救护者的头发被溺水者抓住时(如图7-26),有以下两种方法解脱。

方法一:压腕扳指解脱法

救护者一只手紧握抓发手的手腕,另一手则扳拉溺水者抓发手的手指(如图7-27)。

同时,救护者的头部随扳拉手指方向倾斜,迫使抓发手松开。解脱后,及时将溺水者转体至背贴救护者前胸,夹胸控制住。

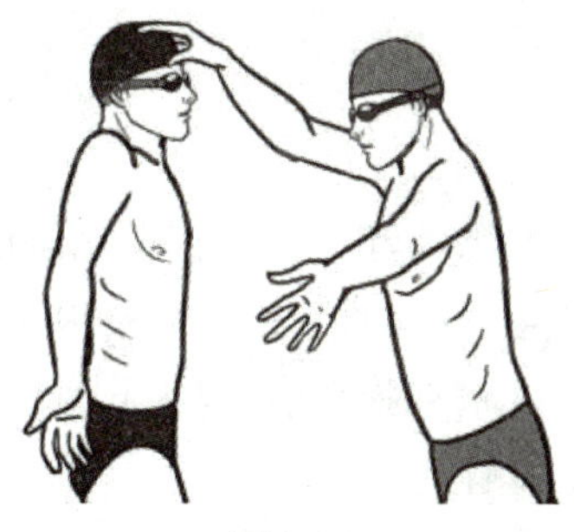

图7-26

图7-27

方法二:扳指推肘解脱法

救护者一手紧握抓发手的手腕(如图7-28),另一手则用力向溺水者的头部方向推击其肘部,迫使抓发手松开(如图7-29)。解脱后,及时将溺水者转体至背贴救护者前胸,夹胸控制住。

图7-28

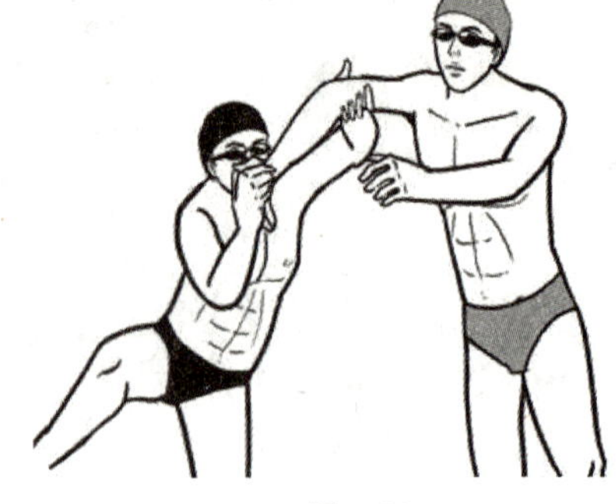

图7-29

(8)正面双腿被抱持

采用的手法与“正背面腰部被抱持解脱法”相同。只是使用正面夹鼻推颌方法时，放在后腰的手改成放在溺水者的颈部，尽力使溺水者头部后仰（如图7-30）。

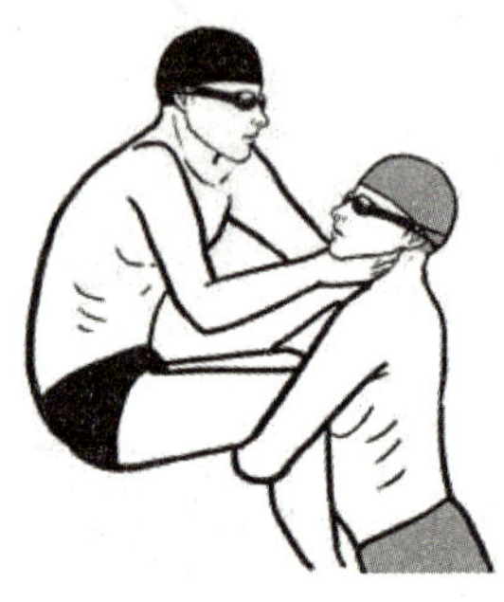

图7-30

(9)双人抱持

方法一：夹胸蹬离解脱法

在解脱前，救护者须分清相互抱持的两人中谁是溺水者，救护者一手由溺水者肩上，经前胸插入溺水者另一侧腋下或夹胸（如图7-31），同时一脚紧贴被抱持人胸部（如图7-32），用柔力蹬离，以免被抱人受伤。当二人肩部松离时，再提起另一只脚（与夹胸手同侧）紧贴被抱持人胸部，将被抱持人蹬离解脱。

图7-31

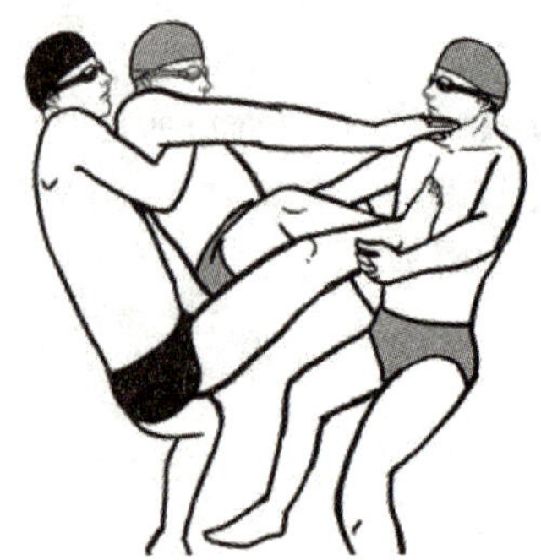

图7-32

方法二：托双腋蹬离法

救护者认清抱持的两人中谁是溺水者后。双手插入溺水者的双腋下，提起一脚紧贴被抱持人胸部，用柔力将被抱持人蹬离解脱（如图7-33）。

图7-33

(10)解脱时应注意的事项

当被溺水者抱持后，救护者应保持冷静，切勿在未搞清自己怎样被抱持的情况下，就匆忙做解脱；解脱的技术动作应迅速、连贯；解脱时，用力适当，以免伤害溺水者；解脱后，应及时用合理的技术动作将溺水者控制住，以便拖带；在进行双人解脱时，应先确认两人中哪个是溺水者，再进行解脱。

4.拖带

拖带技术是指救护者在水上运送溺水者的一项专门技术。无论采用何种拖带方法，都应使溺水者的口鼻保持在水面上，以保证溺水者正常呼吸。在拖带的过程中，应将被拖带者的身体位置尽可能呈水平状，以利于拖带和节省救护者的体力。拖带时一般采用侧泳或反蛙泳姿势，一般分为夹胸拖带、托双腋拖带、托枕（后脑）拖带、双手托颌拖带等等。如果有两人同时施救，还可以双人拖带。

(1)夹胸拖带法

夹胸拖带法较适宜于身材高大、臂长、体力较好的救护者。

（以左臂为例）救护者左臂从溺水者的左肩上穿过（如图7-34），上臂和肘紧贴于溺水者胸部，左腋紧贴溺水者左肩，将左手放于溺水者的右腋下，并将此作为拖带的用力点，在运送过程中，救护者的左髋顶住溺水者的腰背部，保持水平位置，便于拖带，救护者可以根据自己的技术特长，采用蛙泳腿或侧泳腿的技术游进。

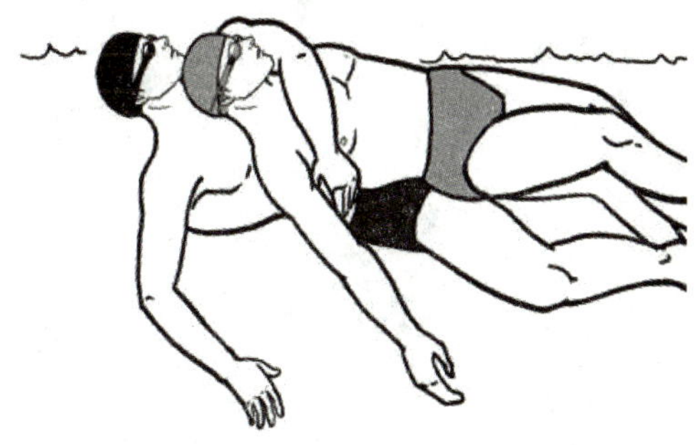

图7-34

(2)拖双腋拖带法

拖双腋拖带法比较省力,易于控制溺水者。救护者拖住溺水者的双腋下,稍微含胸收腹,用反蛙泳腿技术进行拖带(如图7-35)。

图7-35

(3)托枕拖带法

身体姿势与以上姿势相同,救护者单手托住溺水者的后脑(枕部)。采用侧泳或反蛙泳游进(如图7-36)。

图7-36

(4)双手托颌拖带法

双手托住溺水者的颌骨处,使溺水者的口鼻始终保持在水面上,用反蛙泳技术游向岸边(如图7-37)。

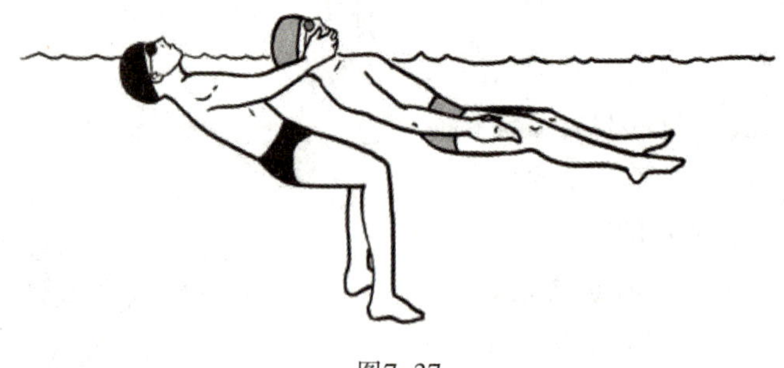

图7-37

5.上岸

当溺水者处于昏迷状态时,需要由救护者将其拉上岸以便及时抢救。如果是在浅水边,或者斜坡的河边还比较方便,如果是在游泳池或者比较陡的坡边,上岸就是一件较为困难的事。下面介绍两种在游泳池上岸的方法。

(1)池边上岸

救护者先用右手抓住溺水者的右手,将其右手先放到岸边,随后用左手把溺水者的右手压在岸边,用右手和两脚的力量支撑自己先上岸。然后迅速用右手拉住溺水者的右手手腕,让溺水者旋转至背对岸边,再用左手拉住溺水者的左手手腕,将溺水者肩以下的部位沉入水中,借助水的浮力向上将他提拉上岸(如图7-38)。

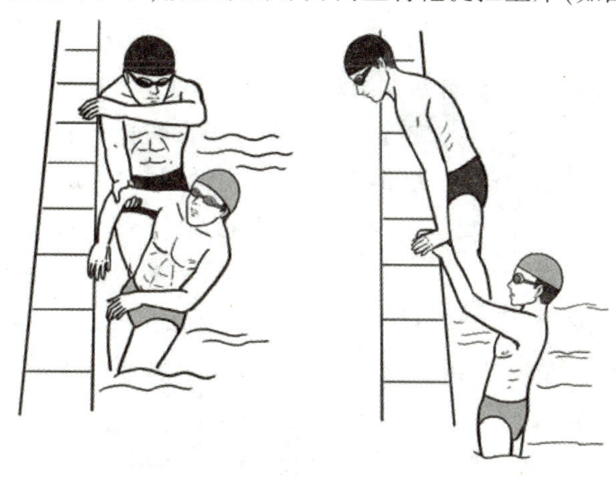

图7-38

(2)扶梯上岸

将溺水者拖运到扶梯前,搭在自己肩膀上,两手用力握紧扶梯上岸。当溺水者的臀部移到池边时,慢慢放下,随后右脚放在靠近溺水者腋窝的地上,并用右手托住溺水者的颈部,慢慢将溺水者放倒在地上,马上进行现场急救。

6.岸上紧急救护

溺水者被救上岸后,切忌不做任何处理只顾往医院送,这样会丧失最有效的抢救时机。急救的方法有很多种,但国际公认最有效的方法是心肺复苏法。值得注意的是自2010年起,基本救命术的程序被大幅简化,过去是先实行A步骤保持呼吸畅通,接着B步骤是人工呼吸,再来是C步骤胸部按压,但是新版改为先实行C步骤胸部按压,再实行A步骤保持呼吸畅通,接着B步骤是人工呼吸。随着急救顺序的改变对溺水者的具体状况的判断变得尤为重要了。

心肺复苏术是救命术,正确认识是前提,正确掌握操作方法才是关键。在需要做心肺复苏术的时候,时间就是溺水者的生命,浪费一秒钟溺水者就多一分危险。正确的心肺复苏术包括30次胸外按压,2次人工呼吸,重复5次,才算完成一次人工心肺复苏术。下面按照紧急救护的顺序对心肺复苏法的步骤做简单的介绍。

(1)救护时的姿势

将溺水者仰卧于硬板床上或地上,头部不要高于心脏水平面,以利按压时增加脑部血流,双下肢抬高15度,利于下肢静脉回流,以增加心脏排血量。救护者跪在溺水者躯干左侧，两膝分开与肩同宽。

(2)意识的判断

轻拍溺水者的左肩或者右肩一次，并对溺水者进行简单呼叫(叫名字或者问怎么了等)一次，这样重复两次。如果溺水者无意识，马上大声呼救，寻求支援或者其他人帮助。查看脉搏时，两手指压在溺水者的颈动脉处，这一动作要用10秒完成。如果没有脉搏，随即准备做心肺复苏术。

(3)胸外按压

解开颈部纽扣，救护者站在溺水者左侧，右手食、中指并拢沿右侧肋缘触及与胸骨交界处，左手掌纵轴与胸骨体方向平行压在胸骨体下半部，右手压在左手上。急救者伸直手臂，借上半身力量，将胸骨下半部向脊柱方向有节奏地冲击性按压。这种动作可使胸骨向下塌陷3.8~5.0厘米，使心脏间接受压，排空心内血液。在放松压迫时，胸骨又借两侧肋骨和肋软骨的弹性而恢复原位，心脏同时被解除压迫，加之胸内负压增加，静脉血即可回流至心房，以充盈心室。挤压次数为30次(按压的速度应维持在每分钟80~100次)后，开始为实施人工呼吸做准备。

(4)开放气道

溺水者平卧，救护者一手置于患者前额，手掌用力向后压以使其头后仰，另一手的手指放在下颌骨的下方，将颏部向前抬起，使溺水者牙齿几乎闭合。然后再把下颌向下压使口腔打开，两手用力使头部向左侧转动，清除口腔异物，并把舌头向前拉，防止舌根堵住呼吸道，再将头转正，在最短的时间内把气道打开并清除口腔中的异物后就开始做人工呼吸。

(5)人工呼吸

在保持溺水者仰头抬颏的前提下，施救者用一手捏闭鼻孔(或口唇)，然后深吸一大口气，迅速用力向患者口(或鼻)内吹气，吹气时间持续1秒，吹气的频率为每分钟吹16~20次。然后放松鼻孔(或口唇)，休息1秒，在休息时，将耳朵靠近溺水者的口鼻处，并用眼睛观察溺水者胸腹是否有起伏。重复两次后，马上又开始做30次的胸外按压。

当只有一个救护者给溺水者进行心肺复苏术时，应是每做30次胸心脏按压，交替进行2次人工呼吸，重复5次，才算完成一次人工心肺复苏术。

(6)注意事项

当溺水者出现微弱的自主呼吸和心跳后，也不能马上停止人工复苏术，还要继续进行，因为随时都会有呼吸和心跳再次停止的危险；不要轻易放弃抢救，特别是低体温情况下，应抢救更长时间，直到专业医务人员到达现场；现场救护有效，伤员恢复心跳、呼吸后，可用干毛巾擦遍全身，自四肢、躯干向心脏方向摩擦，以促进血液循环。

八、健身功能及健身运动处方

(一)游泳运动的健身功能

1.促进生理健康

(1)改善心血管系统的功能

游泳对心血管系统的改善有相当重要的作用。冷水的刺激通过热量调节作用及新陈代谢能促进血液循环；此外游泳时水的压力和阻力还对心脏和血液的循环起到特殊的作用，在水面游泳时，身体所承受的水压就已达到每平方厘米0.02~0.05千克。

潜水时随着入水深度增加，压力还会增大，在游泳速度加快时也会加大压力负荷，心房和心室的肌肉组织能得到加强，心腔的容量也逐渐有所加大，心脏的跳动次数会逐渐减少。这样心脏的活动就达到节省化，整个血液循环系统得到改善。静止状态下，舒张压有所上升，收缩压有所下降，因此血压值变得更为有利；同时，血管的弹性也有所提高。

据有关专家统计，一般人在安静状态下心脏每分钟跳动约66~72次，每博量约为60~80毫升血液。而长期参加游泳锻炼的人，在同样情况下心脏每分钟跳动可达到50次左右，每博量却达到90~120毫升血液。

(2)促进血液循环

能量的消耗与水温、速度、姿势等密切相关。水温越低散发的热量越多，能量消耗则越大。在12摄氏度水中停留4分钟散发的热量相当于在陆地1个小时所散发的热量。当然，游泳姿势不同消耗的热量也有所差异。

另外，游泳所消耗的热量比用相同速度走路每米大2~9倍。游泳时在浮力的作用下，全身接近水平状态，双腿不断用力打水滑行，这样会减少大腿、臀部及腹部的多余脂肪。

(3)提高呼吸系统的机能

在游泳练习时，新陈代谢过程和心血管系统工作的节省化，都离不开大量的供氧。然而由于水压迫着胸腔和腹部,给吸气增加了困难。曾有人做过专门的试验,游泳时人的胸廓要受到12~15千克水的压力,那么要想使身体获得足够的氧气,呼吸肌就必须不断克服这种压力。

另外游泳时呼气一般都是在水下完成,而水的密度要比空气的密度大得多,因此要想呼气就必须用力,这样不管是吸气还是呼气都能增加呼吸肌的收缩力,从而能增强呼吸系统的功能,加大肺活量。一般健康男子的肺活量为3000~4000毫升,而经常从事游泳者,可以达到5000~6000毫升。

(4)改善肌肉系统的能力,改善身体柔韧性

虽然游泳不能塑造粗壮的、隆起的肌肉,但能够提高许多肌肉群的力量和协调性,特别是躯干、肩带和上肢的肌肉。因为在水中游泳需要克服较大的阻力,游泳又是周期性的运动,长期锻炼能够使肌肉的力量、速度、耐力和关节的灵活性都得到显著提高。

游泳还有一个很大的好处,即柔韧性的改善。这使得人们由于年龄限制而不能从事其他体育活动时,仍然能够继续游泳。由于游泳时身体活动的范围较大,定期进行游泳活动的人都会变得更加灵活和柔软。而且,正确的游泳技术要求肌肉在收缩用力前先伸长,这种运动方式有利于不断提高游泳者的柔韧性和力量。

(5)增强抵抗力

游泳池湿度一般在26~28摄氏度之间,在水中浸泡时散热快,能量消耗大。为尽快补充身体散发的热量,以供冷热平衡的需要,神经系统便快速做出反应,人体新陈代谢加快,增强了人体对外界的适应能力。

(6)改善调节体温

由于水的温度一般低于气温,水的导热能力又比空气强数十倍,因此人在水中失散的热量远远快于在空气中。经常游泳能改善体温调节能力,从而更能够承受外界温度的变化。特别是冬泳,对这方面的改善作用尤其明显。

(7)对脊柱的"按摩"作用

随着现代人工作方式的改变,坐办公室的人多了,而且要长时间面对电脑工作,这使得颈椎和腰椎毛病增多,很多康复和骨科专家都认为,游泳是最好的防治颈、腰椎疾病的运动。因为游泳时,由于水的浮力作用,身体的脊柱由原来的直立状态可以变为水平状态,大大减轻了脊柱的负担,从而有效降低了颈、腰椎间盘内的压力。而且水流对脊柱、肌肉和皮肤起着一定的"按摩"作用,这也是为什么很多骨骼受伤或腰肌劳损的运动员选择水疗的重要原因。

(8)全身作用

祖国医学认为:人体五脏六腑、四肢百骸、筋脉皮骨,是一个密切联系、统一协调的整体。经脉是人体气血运行之路,它有决生死、处百疾、调虚实的重要作用。

经常游泳者，四肢在水中运动，由于压力和阻力原因，不仅能对心脏、心肌进行很好的锻炼，而且对中枢神经系统、心血管系统、内分泌系统、呼吸系统及消化系统正常运行起到很好的作用。

游泳能磨炼毅力，陶冶情操。游泳是一项很好的健身运动。但是，应持之以恒，才能达到健身的目的。不仅如此，在日常生活中，不管遇到什么烦恼事，一旦进入水里，就一心一意享受水带来的乐趣，将一切烦恼抛到一边，出水后，会感到情绪高涨、精力充沛。

2.促进形体完美

(1)塑造健美的体形

如果你经常观看游泳比赛，一定会对游泳运动员那圆润、修长、比例适当的肌肉和健美的身材艳羡不已。这是因为游泳对肌肉工作方式的影响。游泳运动员一般有修长的身材，宽宽的肩膀，灵活的腰肢，匀称的体型。也许有人会说，我想通过游泳减肥，为什么没有效果呢？其实，要想通过运动减肥，必须达到一定的强度，坚持足够的时间。如果只是"三天打鱼、两天晒网"到游泳池悠闲地游一点，当然不会有什么作用。就像用这种方式进行跑步、自行车或其他任何锻炼，其结果也是一样的。

(2)不同泳姿锻炼身体不同部位

虽然游泳是一种全身运动，但不同泳姿锻炼身体部位的侧重点也有所不同。

爬泳——臂部力量。爬泳时，上臂的肱二头肌、肱三头肌用力较多，可以有效锻炼臂部肌肉，同时对肩部肌肉力量的提高，也具有一定的推动作用。

蛙泳——腿部力量。爬泳、仰泳的大腿方式都是上下鞭打，只有蛙泳是蹬夹，前者能够使腿更修长，而后者更多用到大腿股四头肌，因此对加强腿部力量很有效。

仰泳——背部力量。仰泳时，背扩肌用力会较多，可以使背部肌肉得到舒展。此外，仰泳时需要提臀滑行，对臀部也是一种锻炼。

蝶泳——胸部力量。蝶泳时，手臂向内划水，类似在做扩胸运动，对胸大肌、背扩肌、腹直肌用力较多，锻炼效果也最好。

因此，你也可以选择自己喜欢的泳姿，着重加强身体某个部位的力量训练，也能提高游泳速度。

3.其他功能参考

(1)促进心理健康和智能发展

学习游泳需要克服一定的困难。例如，初学游泳的人一般会有怕水心理，对水环境的陌生感使他们心生恐惧。学习游泳的过程，就是克服恐惧，克服冷、累等困难的过程，对人的意志品质是很好的锻炼。现代人追求回归自然，越来越多的人喜欢到公开水域中游泳，到江河湖海中享受大自然的乐趣。还有许多人常年坚持冬泳，这些都磨炼了人的意志，鼓舞了人的精神。

游泳对智能的发育也有好处。水的流动特性对游泳技术提出了许多特殊而微妙的要求。掌握游泳技术的过程就是神经系统和肌肉之间充分协调的过程，需要体会特殊的“水感”。这些对神经系统是良性的刺激，坚持游泳锻炼的人一定能从中得到益处。

(2)预防疾病，治疗康复

由于冷水的刺激，长期进行游泳锻炼能增强机体抵御寒冷、适应环境的能力，可以预防感冒等疾病，使身体日益强壮。由于游泳时身体平卧，加上浮力的作用，可以使脊柱充分伸展，对一些脊柱病人有一定的康复作用。游泳还可以作为运动处方，治疗一些慢性疾病，如慢性肠胃病或慢性支气管哮喘等等。对于一些不适合直立锻炼的人群，如过度肥胖症患者等，如果采取跑步等方式，由于重力作用，腿脚部负担过重，容易导致受伤。这时，游泳是很好的替代锻炼方式。

(3)远离颈椎病

脊柱外科学的理论认为，长期低头伏案工作，颈椎始终维持在前屈位，颈后肌群长时间处于紧张状态，极易引发颈椎小关节紊乱、颈项肌劳损、落枕、项背肌筋膜炎甚至颈椎病。因此，常常出现颈背部肌肉酸痛不适，颈椎活动明显受限，有的表现为上肢剧烈的放射性疼痛、上肢麻木，还可表现为心慌、失眠、头痛、头晕、恶心、呕吐等，病情严重时甚至出现走路不稳如踩棉花样感觉，常常痛苦不堪。

游泳是一项全身运动，上肢、颈项部、肩背部、腹部及下肢的肌肉全体参与，能有效促进全身肌肉的血液循环。

游泳特别是蛙泳进行呼气时要低头划行，吸气时头颈部要从平行于水面向后向上仰起，这样头颈始终处于一低一仰的状态，正好符合颈椎病功能锻炼的要求，可全面活动颈椎各关节，有效促进颈周劳损肌肉和韧带的修复。

而且在游泳时，上肢要用力划水，可锻炼肩关节周围和背部的相应肌群。同时，人在水中划行时，水对人体产生的摩擦力及水对人体产生的压力，对人体各部位的肌肉，都能起到良好的按摩作用，这也可促进皮肤及肌肉的血液循环，增强细胞的代谢。

由于人在水中无任何负担，不会对颈椎间盘造成任何损伤，也不会造成关节和肌肉的损伤。由此可见，经常游泳不但能有效防治颈椎病，同时对全身所有运动系统都有好处。

游泳适宜早期或恢复期颈椎病患者、项背肌筋膜炎患者。落枕、颈椎小关节功能紊乱患者，严重颈椎病患者需在推拿科、骨科或运动医学科医生指导下进行。一般每周3~4次，每次30~60分钟，连续坚持3个月为一个锻炼周期。

(二)健身运动处方

1.制定运动处方的步骤

(1)一般体检

收集病史、运动史;了解运动的目的、对运动的期望;询问病史,如既往史、家族史;询问运动史,如运动爱好,现在运动情况等;社会环境条件,如职业、工作与劳动、生活环境、经济、营养等条件,周围能够利用的运动设施,有无指导等。

(2)临床检查

这里所指的临床检查相当于所谓成人病的检查。

检查的目的:对现在的健康状况进行评价;判断能否进行运动、运动负荷试验;有否潜在疾病或危险因素,预防事故。

总之,医学检查的基础目的在于掌握个人的状况,为制定运动处方提供必要的信息。

(3)运动试验及体力测验

运动试验是制定运动处方的基本依据之一。运动负荷试验的方法很多,要根据检查的目的、被测者的特点来选择适合的方法。现在最普遍常用的方法是递增负荷运动试验。这是利用活动平板或功率自行车等进行的。在实验过程中,逐渐增加运动负荷强度,同时测定某些生理指标,指导受试者达到一定用力程度来完成检测。

关于体力测验,是在运动负荷试验无异常的人,才能接受体力测验,即进行肌力、爆发力、柔韧性等运动能力和全身耐力测验。根据美国学者库珀和日本学者的实验研究,认为12分钟跑测验与最大摄氧量相关系数最高。所以,库珀提出的有氧代谢运动的体力测验包括走、跑、游泳三种方式,可以任选其中之一,用来检查和衡量心血管系统功能。由于是测验,他们的运动强度就比平常锻炼高,并要求尽全力而为之。因此,参加测验的人必须符合三个条件之一:35岁以下且身体健康;有半年以上运动经历;按库珀介绍的锻炼计划至少运动了6周。

(4)制定运动处方,安排锻炼计划

通常根据以上检查结果,可以根据此人的健康状况、体力水平及运动能力的限度等,按其具体情况制定运动处方。处方中主要是规定出运动强度的安全、一次必要运动量以及一周的运动频率等内容。

一般按照初定的运动处方试行锻炼,对不适当的地方可进行微调整,待适合后要坚持锻炼3~6个月,再做体力测验。重新制定长期的运动处方,以此不断提高锻炼效果。

(5)善后工作和复查

原则上医生要当面为病人制定运动处方,不宜只按体检资料或由别人代替办理。首先要向病人说明医学检查结果的概要,要正确对待体检异常结果;其次指出注意事项,如何按运动处方锻炼进行运动教育,咨询指导;再次是隔一段时间要与被检查者接触,询问运动情况,判断有无副作用或疲劳。另外,有些人中间停止运动,故可要求做运动处方锻炼日记,并每12周来门诊咨询一次;最后是至少一年全面复查一次,总结一年的运动实施情况,评价这期间的运动效果,必要时进一步改善运动处方。

2.一次健身锻炼活动的安排

在一次健身锻炼活动中通常分三部分进行,即准备部分、训练部分和结束部分。在不同的锻炼阶段,这三个部分的时间划分各不相同。在早期阶段,准备部分时间要长些,一般为10~15分钟,训练部分20~25分钟,结束部分时间5~10分钟;在中期和后期阶段,则准备部分5~10分钟,然后进入主项运动(即训练部分),最后5分钟整理活动。以健身为目的者合计运动时间,约30~45分钟。各部分训练内容的安排各有所侧重,并且运动负担量的分配也不同。

准备部分的作用,是使机体逐渐“暖和”起来,使身体逐渐适应运动强度较大的训练,以免因心、肺等内脏器官和骨关节功能等不能适应而导致意外。一般都采用活动强度小的步行、伸展性体操或太极拳等。

训练部分也称基本部分,其内容是运动处方的诸项运动与达到的目标。例如耐力运动项目要达到靶心率,并要求至少维持12分钟以上。主项运动的运动强度一般定为最大能力的40%~60%。同时还要求达到一定活动范围的肌力训练,其训练强度为最大能力的80%左右。进行肌力训练,使用训练器械相当流行,而且效率高。

结束部分是指在训练结束后,要使高负荷的心肺和肢体活动,逐渐安静“冷却”下来,不要突然停止运动。因为此时血液仍大量集中于四肢,若突然停止不动,使回心血量锐减,可能会出现“重力性休克”,即由于搏出量不足,引起脑贫血而发生休克症状。通常做一些放松体操、散步或自我按摩等。

3.锻炼中运动量的监控

(1)用感觉判断运动量

a)运动量适宜的标志

一般是锻炼后有微汗、轻松愉快、食欲和睡眠良好,虽然稍感疲乏、肌肉酸痛,但休息后可以消失,次日觉得体力充沛、有运动欲望,这些都表明运动量适当。

b)运动量过大的表现

锻炼后大汗淋漓、头晕眼花、胸闷、气喘、非常疲劳;倦怠、易激动、睡眠不佳、食欲减退;脉搏在运动后15分钟尚未恢复;次日周身乏力、缺乏运动欲望。这些都表明运动量过大,应注意调整减量。

c)运动量不足的表现

如果运动后身体无发热感、无微汗、脉搏也无任何变化或在2分钟内很快恢复,说明运动量不足,对身体心肺功能没有刺激作用,就不会产生运动效果。

(2)心律监测运动量

首先要学会准确熟练地测定自己的心率。可在桡动脉或颈动脉处测得,但要数10秒×6较为准确。在跑步或游泳时,通常是停下来看表约需15~20秒钟,这期间心率恢复很快。所以库珀建议在测得的心率上再加10%,例如停止运动测出10秒的脉搏数为25次,乘以6是150,再加上15,则运动后即刻心率就是165次/分。因此,必须客观正确测定运动前、运动后即刻以及晨醒时的静息心率。

其次,要学会计算自己的靶心率范围。靶心率是指通过有氧运动提高心血管循环系统的机能时有效而安全的运动心率。国内外运动医学专家研究认为,这个有效心率范围是在本人最大心率值的65%~85%之间, 即 (220-年龄)×65%为下限,(220-年龄)×85%为上限。但库珀认为,对普通锻炼者来说,最大心率的60%~85%是适宜有效的运动心率范围,即它把下限定为60%最大心率。例如,年龄为40岁的人,他的最大运动心率为220-40=180次/分。其适宜的运动负荷: 上限为153; 下限为117。就是说,他锻炼时心率在153~117次/分之间,表明运动负荷是合理的,是安全而有效的。高于或低于此范围,就要适当减少或增加活动量,把活动心率调整到这个靶心率范围。

(三)游泳健身处方

游泳健身处方是属于运动处方的范畴,它是指针对个人身体情况而采用的一种科学的定量化的锻炼身体方法。因这种方法类似医生给病人开的医疗处方,故得此名。其最大的特点是因人而异,对“症”下“药”。要避免不合理的运动所带来的伤害和事故,以便更好地达到健身和防止疾病的目的,促进身体锻炼的普及化和科学化。

1.游泳健身处方的前期条件

(1)进行身体检查

首先要进行身体检查, 了解参加游泳者的健康情况, 指导他们科学地进行锻炼,不然可能会加重或引起某些疾病。对有慢性病的人,参加游泳健身时不仅要进行一般性的身体检查,而且还必须对其循环系统进行检查与诊断。

(2)进行体能诊断

进行体能诊断的目的是使游泳参加者把握住自己的体能情况。游泳运动处方必须设计适合本人参加锻炼的运动强度、持续时间及每周运动的次数。

2.制定与实施游泳健身处方的基本要求

(1)因人而异

游泳健身处方一定要根据参加者的年龄、性别、体力等个体情况来制定。

(2)合理的运动强度安排

游泳活动的强度、时间要安排得恰当、合理,如连续游泳的时间在5~10分钟,强度可大些,控制在60%~70%;游泳时间在60分钟,强度则控制在50%的水平。不可片面追求高强度、长时间,要循序渐进地进行锻炼,这样才能取得效果。

(3)锻炼次数

每周应该至少进行两次,也可根据本人身体、年龄情况每周三次或以上,每次时间在20~60分钟之间,随着锻炼效果的取得再慢慢递增。

(4)选择游泳锻炼的方法

游泳锻炼的方法很多,开始时可以先在浅水区行走、游戏等。逐步进行一些强度较小的蛙泳或反蛙泳。爬泳的强度大些,可以采用单划手、打腿的游法。当然,任何一种锻炼方法,只要游速快运动强度则大,反之则小。冠心病患者和年龄较大者不要进行短距离(15或25米)的快速游和憋气游,更不能进行潜泳。

(5)游泳健身处方的实施

游泳健身处方实施后3~6个月,或是在实施过程中,身体情况会发生一些变化。例如精神良好、体力增强。如果感到肌肉酸痛、体力难以恢复,或者感觉浑身不适,则应及时去医院检查。当第一次处方完全消化后(取得预定的效果),应该进行医务检查、体力诊断,重新制定新的游泳健身处方。

3.游泳健身处方运动强度和运动时间的控制

(1)运动强度的控制

在进行游泳锻炼时,人体需要大量氧气,机体主要靠有氧代谢供能。从生理学的要求,要根据运动时测定的身体所需的氧气量来制定个人的运动强度。但是在游泳池运动时人体的摄氧量不易测得,我们可以根据摄氧量的百分比求出相关的心率,进而求出运动强度,这是确定运动强度最简易的方法。

心率测定的方法应该是在运动后即刻测定桡动脉或颈动脉10秒钟的心率数,然后换算出1分钟的心率数。但是,由于年龄的差异,用同样的运动强度进行游泳活动时,他们的心率可以相差10~15次/分。

(2)运动时间的控制

游泳活动基本是属于耐力性的运动,从身体在一定运动负荷下摄氧量的变化,可以看出摄氧量在运动几分钟后才达到一定的水平,并在运动中维持一段时间,这是较好的正常状态,表明心率和呼吸等其他机能对这时的运动量是适宜的。由此可知,作为全身耐力性的游泳项目锻炼的时间不少于5分钟。此外,还应该注意强度与运动时间的关系,游泳运动负荷要求是强度较小、时间较长的活动方式。

4.游泳健身的注意事项

(1)决定运动强度以后,要有一个适应期,不可能在一次运动后就达到预期的

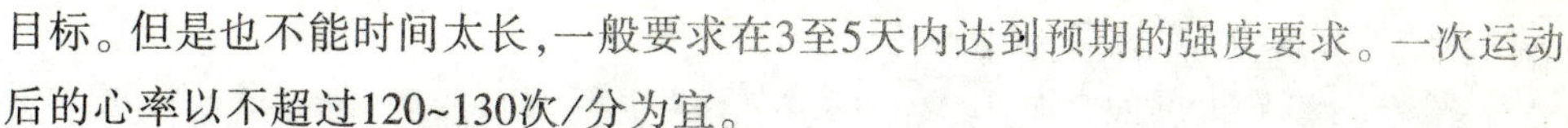

目标。但是也不能时间太长，一般要求在3至5天内达到预期的强度要求。一次运动后的心率以不超过120~130次/分为宜。

(2)若在游泳活动时出现其他疾病，如感冒等，则要停止活动，不要盲目进行。

(3)游泳活动后不应有疲劳感觉，否则表明活动强度过大。晨脉要基本上恢复到平日的水平或略有减少，晨脉较高也说明活动强度不适合。

(4)每次活动时要尽量避免“全力游”，尤其是对一些患有冠心病的康复锻炼者，严禁“全力游”，以免对身体产生不良影响。

九、场地、器材与装备

(一)游泳池

1.池长

游泳池长50米(短池长25米),误差范围应在±0.03米。两端池壁自水面上0.30米至水面下0.80米的范围内,必须符合此要求。

2.池宽

在举办全国运动会游泳比赛、全国游泳冠军赛、全国游泳锦标赛时游泳池宽应在25米。其他比赛时游泳池宽不得少于21米。

3.池深

游泳池深度至少2米。

4.池壁

游泳池壁两端必须坚实、平整、防滑。

5.池水

游泳池水温应控制在25~28摄氏度,水质必须符合规定的卫生标准(pH酸碱度在6.8~8.2之间),使运动员能清晰地看到池底和池壁标志线。比赛时,池水必须保持正常水位。使用循环水装置时,池水不能有明显的流动和漩涡。

(二)泳道、分道线、标志线

1.泳道

游泳池可设8米和10米泳道。每条泳道宽为2.5米。由9条或11条分道线隔开。在8米泳道比赛时,泳道应是从1~8道。10条泳道比赛时应是0~9道。

2.分道线

分道线必须至游泳池长两端,用安装在池壁内的固定挂钩拉紧。由0.05米~0.15米单位的单个浮标连接组成。在8条泳道比赛时,分道线的颜色应分为1、9为绿色,2、3、4、8、0为蓝色,5、6、7为黄色。

3.泳道标志线

游泳池底应有清晰的深色泳道标志线,线宽为0.20米~0.30米,线长为46米(25

米池线长为21米)，泳道标志线起止各为池端2米处。

4.出发台

出发台应设在泳道正中间，前沿高出水面0.50米~0.75米，面积不少于0.50平方米，由防滑材料覆盖，向前倾斜不超过10度。必须坚固没有弹性，保证运动员比赛出发时能在前沿或两侧抓住出发台。台面厚度不超过0.04米，必须安装横式和竖式的仰泳出发握手器，应与池壁在同一垂直面上，四周用阿拉伯数字从右向左依次排列。

(三)召回线与仰泳转身标志线

1.召回线

出发召回线设在出发池端15米处，距水面1.20米，横跨游泳池，要能迅速放入水中，有效阻止前行运动员。

2.仰泳转身标志线

仰泳转身标志线为横跨游泳池旗绳，两端固定在离游泳池两端5米处，高出水面1.8米，旗绳规格为底边0.20米，两斜边0.40米的三角形。旗间距为0.25米。

(四)自动计时装置

(1)自动和半自动计时装置应能准确地判定运动员到达终点的先后顺序，并记录运动员的成绩，所计取的成绩应精确到百分之一秒。

(2)自动计时装置触板最少为宽2.4米，高0.9米，厚度为0.01米±0.002米。触板应露出水面0.3米，侵入水中0.6米，各泳道的触板应独立安装，以便单独控制，表面颜色必须鲜明，并设有固定的池端目标标志线。

(五)发令装置

(1)供发令员发布口令的话筒。

(2)使用发令枪，必须带有信号转化器。

(3)话筒和信号转化器应与各出发台的扬声器相连，使运动员都能听到发令员的口令和出发信号。

(六)基层比赛的场地器材

(1)设有出发台的游泳池，其出发端从距池壁1米起到池壁至少6米处，深度至少1.35米。其他地方池深至少1米。

(2)池道宽不得少于2米，第1泳道及最后一条泳道与池壁的距离不得少于0.2米。

(3)在出发端和转身端，照明度不得少于600勒克斯。

(4)泳道数和池宽不限。

(5)分道线颜色不限。

(6)游泳池水温不得低于25摄氏度。

附　录

《游泳竞赛规则2010—2014》(摘要)

中国游泳协会审定

第一章　竞赛管理与裁判员

第一条　竞赛管理

一、竞赛组织

(一)竞赛主办单位负责任命技术代表、仲裁、总裁判并委派裁判员。

(二)组织委员会或竞赛委员会全面负责大会的各项工作,对规则中未做明文规定的事项有权做出决定。

(三)技术代表在组织委员会或竞赛委员会领导下,主持竞赛工作及裁判员管理,保证竞赛规程、规则得以顺利执行。

二、裁判员设置

(一)采用人工计时,裁判人员设置如下:

总裁判1人,副总裁判1~4人;技术检查员4人;发令员2~3人;转身检查长2人(终点端和转身端各1人),转身检查员每条泳道两端各1人;计时长1人,副计时长1~2人,计时员每条泳道3人(其中1人由终点端转身检查员兼任)。编排记录长1人,副编排记录长1~2人,编排记录员4~8人;检录长1人,副检录长1~2人,检录员5~8人;宣告员1~2人;司线员1~2人;替补裁判员2~4人。

(二)采用自动计时装置而未使用录像计时系统时,须使用半自动计时装置或人工计时做替补,需增设自动计时长1人,自动计时员1~2人。

(三)未采用自动计时装置和每条泳道未配备3块计时表人工计时时,必须增设终点裁判,配备终点裁判长1人、副终点裁判长1人、终点裁判员6~9人。

(四)未采用自动计时装置而每条泳道配备3块计时表人工计时时,根据实际情况,可增设终点裁判。

(五)基层比赛的裁判员人数可根据比赛的具体条件安排。

第二条 裁判员职责

一、总裁判与副总裁判职责

(一)总裁判在组委会和技术代表领导下,全面领导和分配全体裁判员的工作,并明确各裁判员的职责和任务。

(二)总裁判应严格执行竞赛规程和竞赛规则,解决比赛中的有关问题,并可决定规则中未详尽和没有明文规定的问题,但不能修改规程和规则。

(三)总裁判可随时干预比赛,以保证规程和规则得以执行,有权裁定有关比赛进行时的各种异议。

(四)当终点裁判员所判定的名次与计时员计取的成绩不一致时,总裁判有权决定名次。

(五)总裁判为保证竞赛顺利进行,可随时指派替补裁判员上岗工作,在必要时有权撤换不称职的裁判员。

(六)总裁判根据自己的观察或其他裁判员的报告,有权取消犯规运动员的比赛资格和录取资格。

(七)总裁判应于比赛前检查场地、器材是否符合规则的规定。

(八)在每项、组比赛开始时,总裁判应用连续的短促哨声示意运动员脱外衣;然后用长哨声示意运动员站到各自的出发台上(仰泳项目和混合泳接力项目第一棒的运动员应立即下水,在总裁判发出第二声长哨时,应迅速游回池端做好出发准备)。当所有运动员和裁判员都做好准备时,总裁判用向外平伸手臂的动作示意发令员准备发令,待发令结束后总裁判再收回手势。

(九)各项、组的比赛成绩须经总裁判签名。

(十)副总裁判协助总裁判工作。总裁判、副总裁判可轮流担任各场比赛的执行总裁判,履行该场比赛总裁判的职责。

二、技术检查员职责

(一)技术检查员位于游泳池两侧,在总裁判直接领导下进行工作。

(二)技术检查员负责检查运动员在游进中的泳式和动作是否符合规则,协助两端转身检查员检查运动员转身、到达终点和接力交接棒的动作是否符合规则。

(三)技术检查员如发现运动员犯规,应及时报告并填写检查表交总裁判。

三、发令员职责

(一)发令员应站在游泳池的侧面,离出发池端5米以内处发令。发令时能使运动员和计时员听到或看到出发信号。

(二)发令员有权管理由总裁判发出手势信号后至比赛开始的运动员。

(三)发令员有权判定运动员出发时是否犯规,如取消运动员比赛资格或录取资格,须经总裁判同意。

(四)当发现运动员延误比赛、蓄意不服从命令或在出发时有任何犯规行为,发令员应向总裁判报告。总裁判有权取消该运动员的比赛资格。

四、转身检查长与转身检查员职责

(一)转身检查长负责领导和分配本端转身检查员的工作,确保每位转身检查员工作职责的完成。

(二)如转身检查员报告运动员犯规,转身检查长应及时报告总裁判并审核转身检查员交来的检查表,签名后及时上交总裁判。

(三)转身检查长根据自己的观察发现运动员犯规,应及时报告总裁判并填写检查表上交。

(四)每条泳道两端各设一名转身检查员,负责检查运动员从触壁前最后一次手臂动作开始至转身后第一次手臂动作结束的整个转身动作是否符合规则。

(五)出发端的转身检查员还要负责检查运动员从出发入水后至第一次划水结束的动作是否符合规则。在接力项目比赛中检查出发运动员是否在前一名运动员触及池壁后离开出发台。

(六)转身端的转身检查员在800米和1500米项目中还要负责记录该泳道运动员完成的趟数,并用报趟牌向运动员显示所剩趟数。

(七)终点端的转身检查员还要负责检查运动员到达终点的动作是否符合规则,可兼做计时员的工作;在800米和1500米的项目中,运动员到达终点前105米(25米泳池为55米)时,应用铃声或哨声向运动员发出信号,直至运动员转身后到达5米处。

(八)转身检查员在发现运动员犯规后,应及时报告并填写检查表交转身检查长。

五、自动计时长与自动计时员职责

(一)自动计时长负责领导和分配自动计时员的工作。赛前参与检查和调试设备,赛时负责监督自动计时装置的运行情况,整理自动计时的成绩记录单,签名后备查。

(二)自动计时员协助专业技术人员安装、调试全部的自动计时装置,比赛时协助、监督专业技术人员操作主机及有关设备,向自动计时长提交自动计时成绩记录单。

(三)在某项、组比赛结束后,如发现自动计时装置失灵,应及时报告总裁判,并按有关规定处理。

(四)接力比赛时,如发现自动计时装置有抢跳犯规显示,自动计时长应及时报告总裁判。

(五)与编排记录组配合,准确记录运动员的成绩、弃权及犯规等情况。

六、计时长、副计时长与计时员职责

(一)计时长负责领导和分配计时员的工作。副计时长协助计时长工作。

(二)计时长应于比赛前检查计时表是否准确可用。

(三)计时长和计时员在发令员发出“出发信号”后立即按动计时表,在运动员抵达终点后立即按停计时表。计时长计取的成绩可作为检查、核对和补充之用。

(四)计时长在每组比赛完毕,收集各泳道的比赛卡片,必要时查看计时员的计时表,核对比赛成绩。当采用每条泳道3块计时表计时而未设置终点裁判时,运动员的正式成绩是录取名次的根本依据。当设置终点裁判时,计时长将比赛卡片与终点裁判长核对名次后,交总裁判审查。

(五) 计时员负责计取运动员在比赛中的成绩及计取100米以上距离项目的分段成绩,并将成绩登记在比赛卡片上交计时长。如计时长要求查看计时表成绩,应将计时表出示受检。在总裁判组织下一组比赛鸣短哨声时回表。

(六)使用半自动计时装置时,计时员还要负责计取本泳道的半自动计时成绩。

七、编排记录长、副编排记录长与编排记录员职责

(一)编排记录长负责领导和分配编排记录员的工作;负责检查和核对每项比赛成绩、名次,并提请总裁判在成绩单上签字。副编排记录长协助编排记录长工作。

(二)编排记录员在比赛前,应根据规程、规则、报名单、竞赛日程及有关材料,编排竞赛秩序,印制裁判员所需的各种表格。

(三)比赛中,准确地记录和及时公布每组、每项比赛成绩。预赛、半决赛后,按成绩编排半决赛、决赛秩序,统计新创纪录、团体总分等。

(四)比赛结束后,应尽快编制成绩册,经总裁判、副总裁判签名后送交组委会

八、检录长、副检录长与检录员职责

(一)检录长负责领导与分配检录员的工作。副检录长协助检录长工作。

(二)检录员负责布置检录处,赛前核对运动员比赛卡片。

(三)检录员在每场比赛前负责接收该场各项接力棒次表。

(四)检录员在每组比赛前负责点名,并带领运动员入场。及时向检录长和总裁判报告未参加检录的运动员名单。比赛完毕后,带领运动员离场。颁奖时,负责召集和引导工作。检录员还要负责检查运动员泳装是否符合规定、广告标识是否符合组委会要求。

九、宣告员职责

宣告员在总裁判领导下,将比赛项目和进行情况及时向观众介绍,并宣布经总裁判确认的比赛成绩。

十、终点裁判长、副终点裁判长与终点裁判员职责

(一)终点裁判长负责领导和分配终点裁判员的工作。在各组比赛中,观察运动员游进的全部情况,综合终点裁判员的判断,确定每组比赛名次。副终点裁判长协

助终点裁判长工作。

(二)终点裁判员按分工准确地判断每组比赛名次。

(三)终点裁判员应坐在位于终点延长线上的梯形架上,以便在比赛中能清楚地看到全部运动员整个游程和到达终点情况。

十一、司线员职责

司线员负责掌管召回线,当听到召回信号后,应迅速放下召回线,将运动员召回。

第二章 比赛通则

第一条 参赛办法

一、报名

(一)参加比赛的单位必须按竞赛规程规定,确定每项参加的人数和每人参加的项数,并在规定时间内办理报名手续。要在报名单上填写运动员在报名截止日期前12个月内的最好成绩。

(二)除了竞赛规程另有规定外,报名后不得更换运动员和更改项目。

二、参赛

(一)接力比赛以队为单位,每个接力队应有4名队员,每名接力队员在一次接力比赛中只能游其中的一棒。每单位可在报名参加比赛的同组运动员中任选4人参加接力比赛,在预赛、决赛中参加者可任意调换。各队须将参加接力比赛的运动员名单及顺序在该场比赛开始前至少30分钟交检录处,否则以弃权论。接力队必须按提交的名单和顺序参加比赛,否则将被取消录取资格。

(二) 参加比赛的运动员必须在该项比赛开始前至少20分钟到第1检录室接受对泳装的检查,检查合格后运动员方可进入第2检录室参加检录。

第二条 编排

一、预赛

按运动员(或接力队)报名成绩优次排列次序。在报名单上未按要求填写报名成绩者,将作为成绩最差的排在最后。报名成绩相同或无报名成绩者超过1人时,应以抽签方法决定其排列次序。各项预赛按以下方法编排。

(一)只有1组时,应作为决赛编排,并安排在决赛时段进行。

(二)两组时,报名成绩最好者应编在第2组,次好者应编在第1组,再次者应编在第2组,第4名应编在第1组,以此类推。

(三)3组时,报名成绩最好者应编在第3组,次好者应编在第2组,再次者应编在第1组,第4名应编在第3组,第5名应编在第2组,第6名应编在第1组,以此类推。

(四)4组或4组以上时,最后3组按上述第(三)项的方法编排。所剩运动员(或接力队)，按其报名成绩优次顺序编满倒数第4组。如还剩下运动员(或接力队)，再按其报名成绩优次顺序编满倒数第5组，以此类推。

(五)两组或两组以上的任何预赛组内，至少应有3名运动员(或接力队)。但若编排后有运动员(或接力队)弃权，则该预赛组内可少于3名运动员(或接力队)。

二、泳道安排

使用6条泳道时，同一组按报名成绩优次顺序依次安排在第3、4、2、5、1、6泳道。

使用8条泳道时，同一组按报名成绩优次顺序依次安排在第4、5、3、6、2、7、1、8泳道。

使用10条泳道时，同一组按报名成绩优次顺序依次安排在第4、5、3、6、2、7、1、8、0、9泳道。

泳道数为奇数时，同一组报名成绩最好的运动员(或接力队)应安排在中间的泳道，成绩次好者应安排在其左侧泳道(面向游泳池)，再次好者应安排在其右侧泳道，以此类推。

三、半决赛、决赛

(一)50米、100米、200米距离的项目进行预赛、半决赛、决赛。其他距离项目只进行预赛和决赛。

(二)半决赛项目，根据预赛成绩的排列顺序，按照本条“一”款“(二)”项和“二”款的规定编组和安排泳道。

(三)决赛项目，根据预赛或半决赛成绩的排列顺序，无预赛时根据报名成绩排列顺序，依照本条“二”款的规定安排泳道。

(四)如果游泳池设有10条泳道，当800米和1500米自由泳预赛出现第8名有2人成绩相同时，决赛将启用第9泳道，用抽签的方式决定第8和第9泳道的运动员。当800米和1500米自由泳预赛出现第8名有3人成绩相同时，决赛将启用第9和第0泳道，用抽签的方式决定第8、第9和第0泳道的运动员。

(五)比赛如采用分组决赛，则根据报名成绩的顺序编满最后一组，再编满倒数第2组，以此类推。同一组的运动员或接力队，按本条“二”款的规定安排泳道。800米和1500米自由泳项目的最后1组可安排在决赛时段进行。

四、重赛

在使用8条(或10条)泳道的比赛中，在确定一个项目的第8名或第16名(第10名或第20名)时，如果有两名或两名以上运动员的成绩直至百分之一秒都相同，则决定参加半决赛、决赛人选，其办法为：

(一)如采用自动计时装置或每条泳道有3块计时表计时(未设终点裁判员)，同组或不同组的运动员成绩相同者，都必须重赛，按重赛后的名次确定参加半决赛或决赛人选。

(二)在采用人工计时并设终点裁判员的情况下,同组运动员成绩相同者不重赛,按该组的终点名次确定参加半决赛或决赛人选。不同组的运动员成绩相同者仍按以下3种方法确定参加重赛的运动员:

1.某项预赛或半决赛后,两组或两组以上的运动员成绩相同,需要确定一名参加半决赛或决赛时,各组终点名次最前的一名参加重赛。重赛后的优胜者参加半决赛或决赛。

2.某项预赛或半决赛后,A组的甲、乙、丙(按该组终点名次排列顺序)运动员与B组甲运动员成绩相同,需要确定两名参加半决赛或决赛时,A组的丙应被淘汰,由A组的乙和B组的甲重赛。重赛后的优胜者与A组的甲一起参加半决赛或决赛。

3.某项预赛或半决赛后,A组的甲、乙运动员与B组的甲、乙运动员成绩相同,需要确定两名参加决赛或半决赛时,这4名运动员应一起重赛。重赛后名次列前的两名运动员参加半决赛或决赛。

(三)重赛应在所有有关运动员预赛或半决赛至少1小时后进行(或经有关方面协商确定时间),以抽签的方法安排泳道。

(四)重赛后若成绩仍相同,则仍按上述条款处理。

(五)必要时,应进行重赛来确定第1和第2替补运动员。

五、弃权

(一)已获得半决赛或决赛资格的运动员(或接力队),可以在该项比赛结束30分钟内提出弃权。运动员(或接力队)若在技术会议后提出预赛弃权,或在获得半决赛或决赛资格的比赛结束30分钟后提出半决赛或决赛弃权,将按有关规定予以处罚。

(二)当有运动员(或接力队)半决赛或决赛弃权时,应按预赛或半决赛成绩排列的顺序依次替补。该项目必须按本条“一”款“(二)”项和“二”款的规定重新编排,并通告详细的变动及替补情况。

第三条　出发

一、出发的规定

(一)自由泳、蛙泳、蝶泳、个人混合泳及自由泳接力的比赛,必须从出发台出发。当总裁判发出长哨声信号后,运动员应站到出发台上;当发令员发出“各就位”的口令后,运动员应至少有一只脚置于出发台的前沿,立即做好出发姿势。当所有运动员都处于静止状态时,发令员发出“出发信号”。

(二)仰泳比赛、混合泳接力的第1棒比赛必须从水中出发。当总裁判发出第一声长哨声信号后,运动员应立即下水;当总裁判发出第二声长哨声信号后,运动员应迅速游回池端;当所有运动员都做好出发准备时,发令员发出“各就位”的口令;当所有运动员都处于静止状态时,发令员发出“出发信号”。

(三)在50米池进行50米项目的比赛,在哪一端出发,应根据组委会的决定执行,并在赛前通知运动员。

二、出发犯规的判罚规定

(一)任何运动员如在“出发信号”发出前出发,应判犯规。如果在“出发信号”发出后发现运动员抢跳,应继续比赛,在该组比赛结束后取消抢跳运动员的录取资格。如果在“出发信号”发出前发现运动员抢跳,则不再发“出发信号”,取消抢跳运动员比赛资格后,总裁判以长哨声(仰泳为第二声长哨)开始重新组织其余运动员出发。

(二)因裁判员的失误或器材失灵而导致运动员抢跳时,发令员应将运动员召回重新出发,不作为抢跳犯规。

第四条 计时

自动计时,半自动计时与人工计时,均为正式的计时方法。

一、自动计时

(一)自动计时装置必须在指定裁判员的监督下进行操作。由自动计时装置记录的成绩应当用于确定名次和各泳道的成绩。如果自动计时装置发生故障,或发现其明显失灵,或运动员未能触停该装置,则半自动计时或人工计时的成绩将作为正式成绩。

(二)使用自动计时装置时,成绩只需记录到百分之一秒。当可以精确到千分之一秒时,不记录千分位数,也不以千分位数来确定成绩和名次。比赛中出现相同成绩时,则成绩在百分位相同的所有运动员其名次相同。在电子公告板上只应显示到百分之一秒的成绩。

(三)自动计时工作程序

1.在使用自动计时装置时,由该装置确定的成绩、名次和接力交接棒情况,应当优先被采用。

2.某组比赛中,当自动计时装置未能记录到1名或多名运动员的成绩和(或)名次时,应:

(1)记录所有可获得的自动计时和半自动计时装置成绩和名次。

(2)记录所有人工计时成绩和名次。

(3)正式名次按下述方法确定:

①在同一组中,具有自动计时装置成绩和名次的运动员进行比较,应保持其相对顺序。

②不具有自动计时装置名次但具有自动计时装置成绩的运动员,须用其自动计时装置成绩与其他运动员的自动计时装置成绩进行比较,确定其相对顺序。

三、单项比赛犯规的成绩记录

如果运动员在某项比赛中或比赛后被判犯规，该情况应记录在正式成绩单上，但其成绩和名次不予记录和公布。

四、接力比赛犯规的成绩记录

接力比赛第一棒运动员的分段成绩应被计取，并公布在正式成绩单上。如接力队被判犯规，则犯规之前的分段成绩应记录在正式成绩单上。

第五条　比赛

一、比赛规定

(一)比赛中，不得将不同项目、不同性别的运动员(或接力队)混合编组。

(二)运动员应游完全程才能获得录取资格。

(三)运动员应始终在其出发的同一泳道内比赛和抵达终点。

(四)在所有项目中，运动员转身时必须按各泳式的规定触及池壁，不允许在池底跨越和行走。

(五)在自由泳项目和混合泳项目的自由泳段比赛中，允许运动员在池底站立，但不得行走。

(六)不允许拉分道线。

(七)比赛中，运动员不得使用和穿戴任何有利于其速度、浮力、耐力的器具(如手蹼、脚蹼等)和泳装，但可戴游泳镜。不允许在身上使用任何胶带，除非得到组委会指定的医疗机构同意。

(八)在比赛场地内，不允许速度诱导及采用任何能起速度诱导作用的装置与方法。

(九)由于某运动员犯规而影响其他运动员获得优异成绩时，总裁判有权允许被干扰的运动员重新参加预赛。如在决赛或最后一组预赛中发生上述情况，可令该组重新比赛。

(十)接力项目如果有预赛，奖牌和证书应授予获名次接力队中参加了预赛和决赛的所有运动员。

(十一)只有赛事组委会设置的录像设备才能作为判断运动员犯规和名次的依据之一。

二、犯规判罚规定

(一)游出本泳道阻碍其他运动员或以其他方式干扰其他运动员者，应判犯规。如属故意犯规，总裁判应将犯规情况报告主办单位和犯规运动员所在单位。

(二)在一项比赛进行过程中，当所有比赛的运动员尚未游完全程时，如果未参加比赛的运动员下水，应取消其原定的下一次的比赛资格。

(三)接力比赛中,如本队的前一名运动员尚未触及池壁,后一名运动员的脚已蹬离出发台,应判犯规。

(四)接力比赛中,在各队的所有运动员还未游完之前,除了应游该棒的运动员之外,接力队的任何其他队员如果进入水中,应判犯规。

(五)运动员抵达终点后或在接力比赛中游完自己的距离后,应尽快离池,如妨碍其他游进中的运动员,应判该运动员或接力队犯规。

第三章 各项泳式的比赛规定

第一条 自由泳

(一)自由泳比赛中,可采用任何泳式。但在个人混合泳及混合泳接力比赛中,自由泳是指除蝶泳、仰泳、蛙泳以外的泳式。

(二)每次转身和到达终点时,运动员身体的某一部分必须触及池壁。

(三)在整个游程中,运动员身体的某一部分必须露出水面。在出发和每次转身后,允许运动员身体完全没入水中,在15米前(含15米)运动员的头部必须露出水面。

第二条 仰泳

(一)在出发信号发出前,运动员应在水中面对出发端,两手抓住出发握手器。禁止两脚蹬在水槽里、水槽上和脚趾勾在水槽沿上。

(二)出发和每次转身后,运动员应蹬离池壁,除在做转身动作外,运动员在整个游进过程中应始终呈仰卧姿势,允许身体做转动动作,但必须保持与水平面呈小于90°的仰卧姿势,头部位置不受此限。

(三)在整个游进过程中,运动员身体的某一部分必须露出水面。在出发、转身及抵达终点时,允许运动员身体完全没入水中。出发和每次转身后,在15米前(含15米)运动员的头部必须露出水面。

(四)在转身过程中,运动员身体的某一部分必须触壁,允许肩的转动超过垂直面,之后可做一次单臂划水或双臂同时划水动作,并以此划水动作作为连贯转身动作的开始。运动员必须呈仰卧姿势蹬离池壁。

(五)运动员在到达终点时,必须以仰卧姿势触壁。

第三条 蛙泳

(一)在出发和每次转身后,允许运动员身体没入水中,可做一次手臂充分向后划至腿部的动作。在第一次手臂划水动作过程中,允许打一次蝶泳腿接蛙泳蹬腿动作。

(二)从出发和每次转身后的第一次手臂动作开始,身体应保持俯卧。任何时候都不允许身体呈仰卧姿势。在出发后的整个游程中,动作周期必须是以一次划臂和一次蹬腿的顺序完成。

(三)两臂的所有动作应同时并在同一水平面上进行,不得有交替动作。两手应同时在水面、水下或水上由胸前伸出。除转身前的最后一次划水动作、转身过程中及抵达终点前的最后一次划水动作外,肘部不得露出水面。两手应在水面或水下向后划水。除出发和每次转身后的第一次划水动作外,两手向后划水不得超过臀线。

(四)在每个完整动作周期内,运动员头的某一部分必须露出水面。出发和每次转身后的第二次划臂至最宽点两手向内划水前,头部必须露出水面。

(五)两腿的所有动作应同时并在同一水平面上进行,不得有交替动作。在蹬腿过程中,两脚必须做外翻动作,不允许做剪夹、上下交替打水和向下的蝶泳打水动作(本条第(一)项所述除外),只要不做向下的蝶泳打腿动作,允许两脚露出水面。

(六)在每次转身和到达终点时,两手应在水面、水上或水下同时触壁。在触壁前的最后一次划水动作结束后,头可以没入水中。但在触壁前最后一个完整或不完整的动作周期中,头的某一部分应露出水面。

第四条　蝶泳

(一)从出发和每次转身后的第一次手臂动作开始,身体应保持俯卧姿势,允许水下侧打腿。任何时候都不允许呈仰卧姿势。

(二)两臂必须在水面上同时向前摆动,并同时在水下向后划水。

(三)所有腿部的上下打水动作必须同时进行。两腿或两脚可不在同一水平面上,但不允许有交替动作,不允许蹬蛙泳腿。

(四)在每次转身和到达终点时,两手应在水面、水上或水下同时触壁。

(五)在出发和每次转身后,允许运动员身体完全没入水中,可做一次或多次打腿动作和一次划水动作,划水动作结束必须使身体升出水面。在15米前(含15米)运动员的头部必须露出水面。运动员必须使身体保持在水面上,直至下次转身或到达终点。

第五条　混合泳

(一)个人混合泳必须按照蝶泳、仰泳、蛙泳、自由泳的顺序进行比赛。每种泳式必须完成赛程四分之一的距离。

(二)混合泳接力必须按照仰泳、蛙泳、蝶泳、自由泳的顺序进行比赛。

(三)在个人混合泳和混合泳接力项目的比赛中,每一泳式都必须符合相关泳式的有关规定。在仰泳转蛙泳过程中,运动员必须呈仰泳姿势触及池壁。